공존을 위한
인문 무크지 **아크** 9

품격

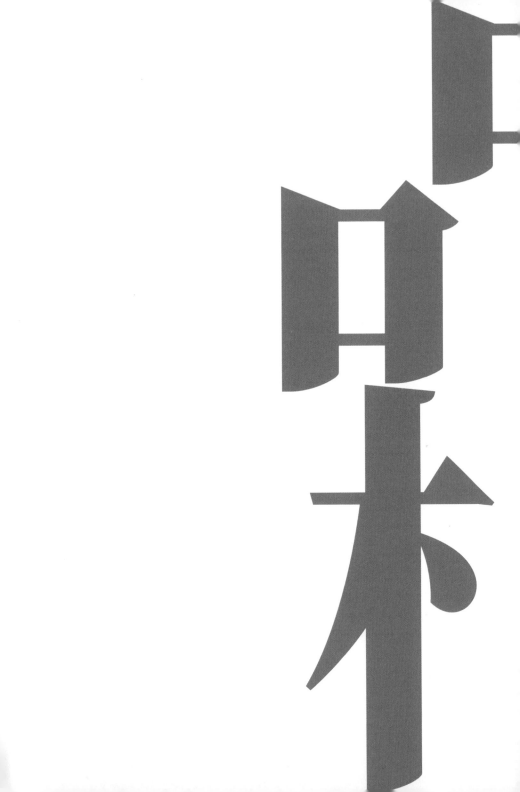

아크 9

품격

허동윤

㈜상지엔지니어링건축사사무소 대표이사로 '건축은 인문에 다름아니다'라는 생각을 가지고 있다. 2007년부터 열린부산·도시건축포럼을, 2017년부터 상지인문학아카데미를 운영하고 있다. 2020년부터는 인문 무크지 『아크』를 발간하고 있다. 2023년 부산시 문화상 공간예술 부문 을 수상했다.

한 사람, 한 사람을
소중히 하는 마음

2024년은 여느 해보다 어렵고 어수선한 해였습니다. 이럴 때일수록 차분히 돌아보는 지혜가 필요할 텐데 그마저도 바쁘다는 핑계로 미뤄둔 차에, 발간이 임박해서야 아크 9호 『품격』에 실린 글들을 만났습니다.

품격이라니! 부끄럽게 살지는 말자고 늘 입버릇처럼 되뇌기는 하지만 '품격 있게 살겠다는 생각을 해본 적이 있었나', '이렇게 내가 품격 없는 인간이었구나'하고 생각하니 글을 보기도 전에 부끄러워졌습니다. 지난 호 『용기』를 발간할 때도 그렇더니 이번 호에도 자꾸 부족한 저를 발견하는 것 같습니다. 그래서인지 점점 인문정신에 다가간다는 생각에 어떤 사명감마저 갖게 됩니다.

어감 상으로 품격은 범인이 근접할 수 없는 아우라aura와 같았습니다. 그 아우라는 가만히 있어도 우러나와 주위를 압도하는 보이지 않는 힘으로 느껴졌습니다. 물론, 이번 호에 실린 글들을 읽기 전의 생각입니다. 그래서 품격에도 '격'이 있다는 생각을 했습니다.

아크 9호『품격』에 실린 글들을 살펴보면서 품격에 격이 있는 게 아니라 인간이 품격을 이용하고 훼손하고 있는 건 아닌가 하는 생각을 했습니다. 어쩌면 품격은 인간이 인간임을 뿌리내리게 하는 가장 낮은 곳에 있는 것일지도 모릅니다.

아크 8호『용기』발간사에서도 밝혔듯이 저는 현재 부산공업고등학교총동창회 회장을 맡아 개교 100주년 행사를 진행하고 '부산공업고등학교 100년사' 발간을 목전에 두고 있습니다. 아크 9호 필자 중 정훈 작가의 「이 학교를 보라 - 명문名門의 정신과 형식」은 100년사를 준비하며 만난 어른들의 이야기입니다. 그저 한 학교의 기록으로만 여기지 않고 인간의 품격으로 이끌어 낸 작가님께 감사드립니다. 그 외에도 아크 9호『품격』을 함께 만들어주신 모든 필자들께도 감사드립니다. 품격을 생각해 본 적 없는 한 인간이 '품격'에 대한 생각을 하고 그곳에 닿고자 하는 마음을 불러일으킬 수 있는 것만으로도 의미가 있습니다. 이 마음이 마음에 그치지 않고 실천으로 이어질 수 있도록 하겠습니다.

앵매도리櫻梅桃梨라는 말이 있습니다. 앵두, 매화, 복숭아, 배꽃은 각각 서로 다른 꽃을 피우고 열리는 시기도 다르지만 저마다의 향기와 풍미가 있어 우열을 매길 수 없다는 말입니다. 차이와 다름을 인정하면서 한 사람, 한 사람을 소중히 할 때 자기답게 인생을 살아가는 품격을 만들 수 있을 거라 생각해봅니다. 새해에는 무엇보다 우리사회가 품격 있는 세상이 되었으면 하는 바람을 가져 봅니다.

새해 복 많이 받으십시오.

고영란

월간 예술부산 기자, ㈔한국예술문화비평가협회 사무국장과 계간『예술문화비평』편집장을 지냈다. ㈜상지건축 대외협력본부장으로 인문학아카데미를 기획, 진행하고 있으며 인문 무크지『아크』편집장이다.

Editor's letter

지난해 여름이었습니다. 온몸에 힘이 빠지고 고열에 시달리던 친정엄마는 응급실을 거쳐 꼬박 두 달을 병실에 누워 있었습니다. 처음 보름동안은 정신이 오락가락하여 자식이 왔다갔는지, 어디에 있는지도 모른 채 그저 멍하니 누워만 있었습니다. 정신이 돌아온 후에 한 첫 말은 "이제 쓸모없는 인간인 것 같다"였습니다. 오랫동안 '쓸모없는 인간'이라는 말이 그림자처럼 따라다녔습니다. 그리고 지난 가을, 삼십 년도 넘은 친구 둘과 처음으로 1박2일 여행을 다녀왔습니다. 그날 밤, 한 명의 친구가 "몇 년 동안 일을 하지 않다 보니 이제 쓸모없는 인간이 된 거 같아서 몇 번이나 죽고 싶었다"는 말을 했습니다.

쓸모로 삶의 가치를 규정하는 것은 우리 사회가 노동으로 인간을 평가해왔기 때문은 아닌지, 인간을 가치로 평가할 수 있는 지, 그리고 인간은 무엇인지 오래오래 곱씹을수록 인간으로 산 다는 것은 참으로 어렵다는 생각이 듭니다.

지난 아크 8호 『용기』에 이어 9호의 주제는 『품격』으로 정했 습니다.

백범 김구와 도산 안창호의 좌우명은 '신독愼獨'이었습니다. 퇴계 이황, 다산 정약용도 '신독愼獨'을 인간의 기본자세로 중요 하게 여겼습니다. 신독은 홀로 있을 때에도 도리에 어긋남이 없 도록 언행을 삼가라는 말로 대학과 중용, 그리고 시경 등 수많은 고전에서 볼 수 있습니다. 신독은 국가와 조직의 리더가 가져야 할 중요한 덕목입니다. 리더가 아니더라도, 신독하고자 하는 마 음은 흔들리는 인간이 자기답게 살아갈 수 있는 결곡함으로 이 어진다는 생각입니다.

아크 9호 『품격』의 첫 글은 「품격, 이타성의 다른 이름」장은수 입니다. 우리는 흔히 권력이나 지위, 신분이나 혈통 등에 따라 한 인간의 격이 정해진다고 생각하는데 공자나 붓다, 예수나 소 크라테스 같은 성인聖人들은 그러한 숙명론적 체념이 우리를 어 긋나게 하고, 천박하게 만들며, 더 나아가 세상을 어지럽게 하는 근원으로 여겼습니다. 품격은 저절로 주어지는 것이 아니라 나날이 노력하고 자신과 싸워서 얻어야 하는 덕목이라며 나와 타인이 연결된 존재라는 사실을 존중하고 공공선에 헌신하는 태도에 달려 있다고 합니다. 품격 있는 사람은 자기희생을 바탕 삼아 이기심을 억제하고 타인을 관용하며 공적 가치를 위해 헌신한다는 것을 성인聖人의 말과 고전을 통해 끌어냅니다.

「품위와 적막 - 루쉰을 생각하며」이명원에서는 품위 있는 사회 안에서만 '품위'가 만인들의 일상적 생활 원리로 스며들 수 있다는 것을 전제로 합니다. 그에 더해 루쉰의 창작집 『납함吶喊』의 「자서自序」를 소개하며 '적막감'의 시간이 필요하다고 합니다. 이 시간은 여백의 시간입니다. 무위의 시간이고 개인적·사회적 품위란 이 보이지 않는 무위의 시간 속에서, 혹은 나로부터 세계까지 이어지는 관계 속에서의 겸허함과 겸손을 배우는 시간일지 모른다고 합니다.

「조용히 이 세계를 사랑하는 마음, 품격」장현정은 그동안 서로를 펌프질하면서 노력한 결과로 역사상 가장 풍요로운 시대를 이루어냈지만 대신 잃은 것도 많다며 지금은 우리에게 근대성보다 근대에 대한 성찰이 더 필요한 시기라고 합니다. 다시 품격이 필요한 시대라 말하는 필자는 품격을 '조용히 이 세계를 사랑하는 마음'으로 표현합니다. 그러기 위해서는 물들지 않아야 하고 휩쓸리지 않아야 하며 무엇보다 사람으로서의 온기를 잃지 말아야 하기에 결코 쉬운 일은 아니라고 합니다.

아크 9호 『품격』의 마감은 10월 중순이었습니다. 마치 지금의 대한민국 상황을 예견이라도 한 듯, 「성난 얼굴인가? 부끄러운 얼굴로 돌아보라」김언에서는 반성할 줄 모르는 지도자, 자기 망신을 모르는 지도자는 어떻게 되는지에 대한 이야기를 다음과 같이 했습니다.

"품격은 자기 성찰을 할 수 있는 사람인가 아닌가, 그래서 자기반성이라는 것을 할 수 있는 사람인가 아닌가로 결정되며, 지도자로서 갖춰야 할 가장 밑바닥이자 근간에 놓이는 자질도 바로 자기 성찰이나 자기반성의 능력에 놓일 것이다. 자기반성은커녕 자기 망신이 뭔지도 모르는 사람은 주변 사람을 망신스럽게 만들고 부끄럽게 만든다. 마찬가지로 자기 망신을 모르는 지도자는 나머지 구성원들을 한없이 망신스럽게 만든다. 끝내는 자신은 물론이고 집단의 품격까지 나락으로 보내고서야 망신의 퍼레이드를 멈출 것이다."68p

「품격의 문화정치: 그를 '돼지'라 불러도 될까?」천정환에서는 진짜의 품격은 언행에 배어있는 정직함, 일관성, 진정성 등의 가치를 의미할 텐데 현재의 한국 정치에서 '품격'은 거의 불가능한 가치가 된 원인을 권력자들의 행태나 신뢰 문제만 아니라 한국식 '진영 정치'와 정치의 양극화가 강고하기 때문이라고 합니다. 이를 비판하는 측에서도 품격의 문제는 어렵습니다. 풍자나 해학 같은 경우도 마찬가지입니다. 부패하고 부정직한 권력자나 돈 많은 부자들을 짐승에 비유하거나 성性과 신체 특징을 부각하여 욕하는 것은 풍자와 민중언어의 한 본질에 해당하는 것인데 그렇게 해도 되는지, 우리 사회가 지닌 '품격'의 모순을 생각하게 합니다.

「품격의 파시즘에 대한 소고」류영진는 2024년 7월 7일 일본 도쿄의 도지사 선거로 이야기를 시작합니다. 무려 56명이 입후보한 이 선거는 기상천외한 이름의 정당들이 후보를 내었는데 일본인들은 이 선거가 정말 '품격이 없는' 선거라고 입을 모았다고 합니다. 여기서 필자는 일본인들이 말하는 품격에 대한 이야기를 무사도에서 출발하여 품격의 파시즘으로 설명합니다. 그리고 다양하게 드러나는 품격이 서로를 지적하고 강요하거나 설득하는 투쟁의 과정에서 조금 더 건전한 품격이 승리하기를 바란다고 했습니다. 일본을 통해 한국의 다양한 상황들이 겹쳐 보이는 것은 비단 필자만의 생각은 아닐 것입니다.

「제국이 지켜온 가치와 품격(관용과 포용, 조화와 공존)」오진혁은 오스만제국이 역사상 가장 강성하고 오랜 기간 존속할 수 있었던 이유는 관용과 포용, 조화와 공존에 높은 가치를 두었기 때문입니다. 이교도에 관대한 이슬람이라는 종교의 영향도 컸지만 제국의 통치 문화가 큰 역할을 했다고 합니다. 이에 비해 여러 차례 전쟁을 통해 영토를 늘려온 이스라엘로 인해 이 지역에서 공존과 조화의 가치는 사라졌다며 관용과 포용, 조화와 공존이라는 제국이 지켜온 가치와 품격에 대해 살펴봅니다.

「욕망의 품격」차윤석은 아파트 놀이터 사용에 관한 불편한 이야기로 시작합니다. 소유권과 공공성의 문제, 도시의 성장에 따른 불평등의 문제를 '동족포식', 소수의 욕망을 채우기 위한 '국가와 도시의 도구화'로 보며, 품격 있는 도시란 공동체의 이익을 위해서 개인이나 소유의 이기적 욕망이 절제되고 조절되는 도시라고 말합니다.

「품격 있는 도시, 그것은 본질을 지킬 때 잡을 수 있는 것」강동진에서는 '츠마고妻籠宿'라 부르는 일본 나가노 현의 작은 마을, '유진Eugene'이라는 미국 오리건 주의 소도시, 그리고 프랑스 서쪽 연안지대 '낭트Nantes'의 사례를 들어 입지, 규모, 관점 등은 다르지만 쇠퇴와 개발의 시대를 버텨내며 마을과 도시를 진정으로 사랑했던 사람들의 합심으로 나름의 품격을 갖추게 된 도시를 살펴봅니다. 이들 도시의 공통점은 다른 지역과 도시들이 소홀히 하던 보편적인 특성을 소중히 여겼고, 그것을 차별로 연결시켰다는 점이라고 합니다. 이어 부산의 본질, 아니 부산항을 중심으로 한 원도심을 중심으로 품격 있는 도시로 가기 위한 방안을 제시합니다.

아크

「한국 전통미학의 품격」심상교은 한국인의 미적 품격을 우아미, 숭고미, 비장미, 골계미 등으로 나누어 연극, 민요, 민속극, 그림 등 다양한 예술 장르를 통해 확인합니다.

「품격과 아우라에 대하여」김종기에서는 비천한 모습으로 고통 받는 순간에도 빛나는 인간의 품격을 보여주는 해월 최시형 선생을 만날 수 있습니다. 인간의 품격에 이어 예술 작품의 품격, 아우라의 파괴와 예술의 정치화, 그리고 지도자의 품격의 진실을 예술 작품으로 찾아봅니다.

「고고함이 아니라 비루함에서」박형준는 연구자란 무엇인지, 연구자에게 요구되는 품격은 어떤 것인지에 대한 고민의 이야기입니다. 품격은 현실의 경계를 초월한 고고함이 아니라 비루한 것들 속에서 각자 만들어가는 것은 아닌지, 향파 이주홍 연구를 계속할 수밖에 없었던 필자의 고뇌가 녹아있습니다.

「'문화 강국'과 '아름다운 나라'는 가능한가? - '품위'를 잃어가는 한국 영화의 우울한 풍경들」조재휘은 '문화상품'으로서의 영화만 있을 뿐, '영화문화'는 없어져가고 있는 현실과 '문화 강국'을 말하지만 '문화'를 탄압하는 모순에 대해, 「춤, 품격의 동시대 가치」이상현는 춤의 품격에 대해, 「식당에서 일어나는 품위의 순간들」박찬일은 식당 안에서 일어나는 존재들 간의 만남에서 나타나는 품격을, 「꾀죄죄와 오종종을 넘어…동동숲에서 만나요」조봉권는 필자가 만난 사람, 공간 속으로 들어온 『논어』를 소개합니다. 「이 학교를 보라 - 명문名門의 정신과 형식」정훈은 '부산공업고등학교 100년사'를 준비하며 만난 사람들의 품격에 대해, 「마르얀 언덕의 훈풍: 길 위에서 만난 품격들」이성철은 크로아티아 여행에서 만난 역사와 예술을 소개합니다.

인간의 품격, 국가의 품격, 예술 작품의 품격, 그리고 일상 속에서 만나는 수많은 품격이 총 18편의 글로 아크 9호 『품격』에 담겼습니다.

새에게는 새의 길이 있고 물고기에는 물고기의 길이 있듯이 인간에게는 인간의 길이 있습니다. 인간의 길에서 놓지 말아야 할 가치를 이번 아크 9호 『품격』을 통해 살펴봤으면 하는 바람입니다. 부디 그 길에서 무용無用한 것들의 아름다움을 놓치지 않기를…

쓸모로 삶의 가치를 규정하는 것은
우리 사회가 노동으로 인간을
평가해왔기 때문은 아닌지,
인간을 가치로 평가할 수 있는지,
그리고 인간은 무엇인지
오래오래 곱씹을수록
인간으로 산다는 것은 참으로
어렵다는 생각이 듭니다.

인간의 길에서 놓지 말아야 할 가치를
이번 아크 9호 『품격』을 통해
살펴봤으면 하는 바람입니다.
부디 그 길에서 무용無用한 것들의
아름다움을 놓치지 않기를…

허동윤 한 사람, 한 사람을 소중히 하는 마음 004

고영란 Editor's letter 008

장은수 품격, 이타성의 다른 이름 022

이명원 품위와 적막 – 루쉰을 생각하며 034

장현정 조용히 이 세계를 사랑하는 마음, 품격 044

김 언 성난 얼굴인가? 부끄러운 얼굴로 돌아보라 058

천정환 품격의 문화정치: 그를 '돼지'라 불러도 될까? 070

류영진 품격의 파시즘에 대한 소고 086

오진혁 제국이 지켜온 가치와 품격(관용과 포용, 조화와 공존) 100

차윤석 욕망의 품격 114

강동진 품격 있는 도시, 그것은 본질을 지킬 때 잡을 수 있는 것 134

심상교 한국 전통미학의 품격 156

김종기   품격과 아우라에 대하여   170

박형준   고고함이 아니라 비루함에서   190

조재휘   '문화 강국'과 '아름다운 나라'는 가능한가?

         - '품위'를 잃어가는 한국 영화의 우울한 풍경들   204

이상헌   춤, 품격의 동시대 가치   220

박찬일   식당에서 일어나는 품위의 순간들   232

조봉권   꾀죄죄와 오종종을 넘어…동동숲에서 만나요   242

정 훈   이 학교를 보라 - 명문(名門)의 정신과 형식   254

이성철   마르얀 언덕의 훈풍: 길 위에서 만난 품격들   268

장은수

**품격, 이타성의
다른 이름**

이명원

**품위와 적막
- 루쉰을 생각하며**

장현정

**조용히 이 세계를
사랑하는 마음, 품격**

장은수

편집문화실험실 대표, 읽기 중독자. 서울대 국어국문학과를 졸업했으며, 민음사에서 오랫동안 책을 만들고, 대표이사를 역임했다. 주로 읽기와 쓰기, 출판과 미디어 등에 대한 생각의 도구들을 개발하는 일을 한다. 『기억 전달자』『고릴라』를 옮겼으며 저서로 『출판의 미래』『같이 읽고 함께 살다』 등이 있다.

품격, 이타성의
다른 이름

품격品格이란 무엇인가. 일본 갑골학자 시라카와 시즈카의 『상용자해』에 따르면, 품品은 본래 축문 그릇 셋을 나란히 놓은 모양에서 나온 글자이고, 격格은 각各에 목木이 붙은 글자다. 둘 모두 신을 모시는 제사 행위와 관련 있는 말이다.

품品에서 셋은 '많다'라는 의미다. 따라서 이 말은 그릇을 여러 개 상 위에 벌여놓고 한꺼번에 많은 일을 비는 행위였다. 그릇 각각엔 신만이 줄 수 있는 것이 담겨 있다. 물건을 물건답게 하고, 인간을 인간답게 하는 '됨됨이'도 그 안에 포함된다. 고대 그리스에서 비슷한 말을 찾자면, 아레테arete, 德에 해당할 것이다.

격格에서 각各은 '이르다'라는 뜻이다. 인간이 축문 그릇을 올린 후 간절히 기도할 때, 신이 응해서 그 위로 내리는 모양을 형상한 글자다. 격을 얻은 사람은 늘 신의 뜻을 물어서 바른 일을 행하기에 이 말엔 '바로잡다'라는 의미도 들어 있다. 신의 뜻을 행하려고 할 땐 그에 저항하는 흐름도 생기므로, 격엔 '얽히다', '다투다'란 뜻도 덧붙었다. 품격이란 결국 기도에 응하려고 내려온 신을 알처럼 내면에 품어 됨됨이를 얻는 일, 즉 거룩함을 갖추는 일이다.

품격이란 말은 인간 삶이나 정신엔 높낮이가 있음을 가정한다. 인두겁을 썼다고 해서 모두 똑같은 인간이 아니다. 어떤 이의 내면엔 신이 있고, 어떤 이의 내면에 신이 없다. 어떨 때는 우리 행위가 신을 품은 듯 고상하고, 어떨 때는 우리 행위에 신이 깃들지 않은 듯 비열하다. 고결함과 저속함, 우아함과 천박함 사이에서 우리 삶은 이리저리 곡예를 한다. 인간의 격은 무엇을 사유하고 어떻게 행동하느냐에 따라 크게 달라진다. 품격 있는 사람의 행위엔 그 안에 신이 깃들어 있기에 저절로 정결함과 아름다움이 배어 나온다. 물건도 마찬가지다. 독일 문예 비평가 발터 베냐민은 이를 '아우라Aura'라고 불렀다.

자본주의 사회를 지배하는 가장 큰 힘은 돈에서 나온다. 돈은 무엇이든 이루어 주는 지니 램프와도 같다. 이 때문에 현대인들은 모두 돈을 추구하고, 숭배하며, 돈에 미쳐서 살아간다. 심지어 신을 부르는 행위조차 돈의 힘으로 이룰 수 있는 듯 행동한다.

『돈』에서 에밀 졸라는 외쳤다. "돈이, 황금이, 이 반짝이는 별이 없다면, 도대체 무엇이 우리 삶을 비춰줄 것인가! 돈이란 인생 그 자체요! 돈을 없애 보시오. 이 세상에는 더 이상 아무것도 없을 거요, 아무것도!" 돈으로 삶의 격도 높일 수 있다고 착각하는 사람도 적지 않다. 그러나 돈으로 좋은 물건은 살 수 있겠으나, 정신의 격 자체를 높이기는 불가능하다.

『돈』은 19세기 프랑스에 불어닥쳤던 주식투자 열풍을 배경으로 한다. 오늘날 주식과 코인에 빠져서 허우적대는 현대인들과 다름없다. 주인공은 투기의 귀재인 50대 은행가 아리스티드 사카르다. "맹금의 후각과 늑대의 식탐"을 지닌 인간, "사물과 사람을 녹여서 돈을 주조하는 인간"으로 부리는 사람답게 그는 사기, 부패, 조작 등 모든 수단을 동원해 한순간도 쉬지 않고 돈을 불리려 애쓴다.

만국은행을 설립해 파리 증권거래소에 상장한 사카르는 분식회계로 주가를 조작해 인위적 거품을 일으킨다. 그 과정에서 그는 막대한 부를 취하나, 그 사기 행각에 휘말린 형 으젠을 포함한 수많은 이들은 재산을 잃고 길거리에 나앉으면서 절망과 파탄에 떨어진다. 그러나 그 역시 최후는 똑같다. 경쟁자인 유대 은행가 군데르만이 반격에 나서는 바람에 범죄 혐의로 구속되어 몰락하고 마는 것이다.

이 작품에서 돈은 "인간을 부패와 중독에 빠뜨리고, 영혼을

메마르게 하며, 타인을 위한 선의, 애정, 사랑을 앗아가는" 촉매다. 그것은 모든 인간적 고귀함을 잠재우고, 소박한 일상의 즐거움을 망각하게 하는 원흉이다. 그러나 돈은 또한 놀라운 생산성도 품고 있다. 가난은 "모든 것을 파괴"하나, 돈은 "내일의 인류를 자라나게 할 거름"인 까닭이다. 돈 없이 이룰 수 있는 건 극히 드물다.

이 때문에 중세인들이 신분을 높여 꿈을 이루려 했다면, 근대인들은 돈의 힘으로 모든 걸 이룩하려 한다. 졸라는 말한다. "많은 사람에게 돈이 품격 있는 삶을 보장함을 보여줄 것. 돈은 인간을 자유롭게 한다. 돈은 위생이요, 청결이요, 건강이요, 심지어 지성이다." 과연 자본주의는 역사상 어느 때보다 인간에게 풍요와 편리를 보장했다. 사카르는 돈의 힘을 믿는다. 신분도, 지위도, 정신이 나갈 듯한 쾌락도, 좋은 음식도, 사치스러운 집도, 모두 돈으로 살 수 있다고 생각한다.

그러나 "돈을 벌고 싶다는 거친 욕망", "다른 모든 걸 잊게 만드는 저항할 수 없는 열정"에 사로잡힌 나머지 그는 돈이 본래 천박한 것임을, 인생엔 돈으로 살 수 없는 것들이 존재함을 깨닫지 못한다. 윤리나 도덕, 인간의 도리 따위는 아랑곳없이 행동하다가 그보다 더 돈에 미친 인간을 만나서 처참히 파멸할 뿐이다.

『돈의 철학』에서 게오르크 지멜은 세상 모든 것과 교환할 수 있기에 돈은 세상에서 가장 가치 없는 사물이라고 말한다. 인간은 정말 소중한 것은 시장에 내놓아 남과 교환하지 않는다. 가령, 아무리 많은 돈을 주어도 자기 목숨과 바꿀 사람은 없다. 부모나 아이, 친구나 연인을 시장에 내다 파는 인간 말종은 극히 드물다. 돈을 다른 모든 사물과 교환할 수 있는 것은 그 자체론 아무 실질 가치도 없어서 누구나 기꺼이 남한테 내놓을 수 있기 때문이다. 자본주의란, 인간 전체가 돈으로 뭐든지 할 수 있다는 환상에 취해서 미쳐 돌아가는 세상이다. 그 탓에 가장 가치 없는 사물이 모든 걸 지배한다.

최후의 승자인 군데르만의 삶은 품격과 전혀 상관없다. 그의 삶은 차라리 노예의 삶과 거의 비슷하다. 돈의 경쟁에서 이기려면 돈 말고 다른 아무것도 욕망하면 안 되기 때문이다. 상상을 초월할 만큼 돈이 많아서 그는 "세계가 두려워하고 복종하는 진정한 주인, 만능의 왕"으로 살아간다. 그러나 인생을 꾸밀 줄 모르는 그는 근검절약을 위해서 "새벽 5시에 일어나서 두개골은 수많은 걱정거리로 터져 나갈 듯한 상태에서 거지도 받아들이지 않을 갤리선의 노예와 같은 삶을 살아간다." 졸라는 그의 삶이 "이미 가진 황금에 쓸모없는 황금을 더하기만 한다"라고 말한다. 여기에는 아무런 인간다운 품격을 찾을 수 없다.

이 작품에서 가장 품격 있는 삶을 사는 사람은 따로 있다. 도르비에도 공작부인이다. 그녀는 전 재산을 내놓아서 가난한 아이들의 삶을 돌보고, 집까지 팔아서 자선 시설을 지은 후, 자신은 수도원에 들어가 여생을 마친다. 그녀는 "탐욕에 대비되는 증여, 이기에 대비되는 사랑과 연민, 물질에 대비되는 정신"의 삶을 살아간다. 그녀의 삶은 돈이 우리 인생의 목적이 아님을 상기한다. 돈으로 살 수 없는 것들, 돈과는 바꿀 수 없는 위대함을 위해 살아갈 때, 인간은 비로소 신의 품에 안길 수 있다. 그러지 못하는 삶에서 돈은 인간을 미치게 하고, 사카르처럼 끝내 파멸에 이르게 할 뿐이다.

그래서 독일 시인 안드레아스 그리피우스는 물질적 삶의 허망함을 반복해서 경고했다. "우리가 값지다고 우러르는 것, 이것은 모두 무엇인가?// 순전한 공허함이요, 그림자요, 먼지와 바람이며,/ 다시 찾지 못하는 한 송이 들꽃과 같지 않은가!/ 그런데도 어느 한 사람 영원한 것을 눈여겨보지 않는다니!" 인간 삶의 품격은 가진 것에서 생겨나지 않고, 보이지 않는 것, 즉 나 자신을 대하는 태도, 다른 사람을 대하는 자세에서 생겨난다.

우리는 흔히 권력이나 지위, 신분이나 혈통 등에 따라 한 인간의 격이 정해진다고 생각한다. 그러나 공자나 붓다, 예수나 소크라테스 같은 성인들은 그러한 숙명론적 체념이 우리를 어긋나게 하고, 천박하게 만들며, 더 나아가 세상을 어지럽게 하는 근원으로 여겼다. 이들은 인간 됨됨이가 영성spirituality에 따라서 달라짐을 보여주었다.

영혼을 의미하는 영단어 스피릿spirit은 본래 '숨결', '바람'이
란 뜻이다. 격格이 하늘에서 신이 내리는 모습을 형상하듯, 이
말 역시 바람처럼 불어와서 우리 안에 깃드는 신을 상징한다.
「창세기」에 따르면, 신은 숨결을 불어 넣어서 인간을 빚어냈다.
우리 안에 신의 숨결이 불 때, 우리는 비로소 인간됨을 얻는다.
따라서 그 어원에서 품격과 영성은 사실상 같은 뜻이다.

그런데 품격은 저절로 주어지는 게 아니다. 나날이 노력하
고 자신과 싸워서 얻어야 하는 덕목이다. 공자는 타고난 자질을
"자르고 다듬고 쪼고 갈아서切磋琢磨" 인간 됨을 고양할 수 있다
고 말했다. 그에게 "가난하면서 아첨하지 않고 부유하면서 교만
하지 않은" 사람은 "가난하지만 즐거워하고 부유하지만 예를 좋
아하는 사람"만 못했다. 인간의 격을 높이려면 노력해서 품성을
길러야 한다. 무엇보다 자기만 아는 존재에서 벗어나야 한다.

'나'를 뜻하는 한자 기己는 뱀이 돌돌 말려 있는 모양을 형상
한 글자다. 이는 생존을 위해서 자기만 챙기는 실존적 상태를 뜻
한다. 품격 있는 삶을 살려는 인간은 기己로 존재하면 안 된다.
그래서 공자는 동물적·이기적 인간[己]이 뜻을 정성스레 해서 자신
을 다듬는 과정[修己]을 거쳐야 한다고 말한다. 나만 아는 삶[利己]
에 붙잡히지 않고, 저열한 나를 넘어서며[克己], 더 나아가 함께
사는 법[禮]을 익혀야 한다. 『대학』에선 그 원리를 수신제가 치국
평천하修身齊家 治國平天下 아홉 글자로 압축했다. 자신을 다듬고,

집안을 가지런히 하며, 나라를 다스려 온 세상을 평화롭게 하는 일에 이바지해야 더 나은 품격을 얻을 수 있다. 군자君子나 성인 聖人으로 거듭날 수 있는 것이다.

성인은 인간이 이루어야 할 궁극의 인간형이자 이상적 인격이다. 성聖은 축문을 읊으면서[口] 발꿈치를 높이 들고[壬] 신의 목소리를 듣는[耳] 행위를 형상한 글자이다. 이 말엔 인간의 품격이 늘 하늘의 길을 물어서 자신을 바로잡고, 그 뜻에 거스르는 바를 무찌를 줄 아는 사람한테만 생겨난다는 뜻이 담겨 있다. 성인이란 사람다움[仁]을 완전히 체득해서 무엇을 하든지 신의 뜻에 어긋나지 않는 사람이다.

성인의 삶은 아리스토텔레스가 말하는 에우다이모니아 eudaimonia의 삶과 비슷한 듯하다. 일찍이 아리스토텔레스는 닳고 닳은 저속함과 비열한 생존주의를 넘어서 인간다운 존엄으로 갈수록 단단해지는 삶을 에우다이모니아라고 했다. 과거엔 이 말을 흔히 행복happiness으로 옮겼으나, 요즘에는 번창 flourishing으로 옮긴다. 행복에는 우연hap-의 뜻이 깃들어 있으나, 번창은 자기 수련을 통한 성취 또는 도달의 뜻이 강하기 때문이다. 에우다이모니아는 항상 "최선의 삶이란 무엇인가"를 묻고, "어떻게 살아갈 것인가"라는 질문에 답하면서 의식 있게 살아가는 자기 개화의 삶이다.

아리스토텔레스는 "영혼이 덕에 일치하여 움직일 때" 우리 삶이 번창할 수 있다고 주장한다. 인간의 품격은 그 결과로 생겨난다. 세상살이의 고난과 어려움, 저열한 욕망과 말초적 쾌락에 굴복하는 대신에 용기를 품고 아름다움, 절제, 지혜, 관용 등 인간다운 삶의 가치를 굳건히 추구할 때 삶의 격이 높아진다. 무엇에 가치를 두고 어떤 걸 추구하느냐에 따라 우리는 삶을 더 높은 곳으로 끌어올릴 수 있다.

『천박한 삶에 관하여Vasala Sutta』에서 붓다 역시 같은 말을 한다. "날 때부터 천한 사람도 없고, 날 때부터 고귀한 사람도 없다. 인간은 오직 그 행위에 따라 천한 사람도 되고, 고귀한 사람도 된다." 인간의 고귀함과 천박함은 같은 일을 두고 어떻게 행동하느냐에 따라 달라진다.

붓다에 따르면, 화를 잘 내고 원한을 쉽게 품으며, 못된 성질 탓에 남의 미덕을 덮으려 하고, 비틀린 생각으로 음모를 꾸미는 사람은 천박하다. 이기적이고 악의적이며, 거짓을 일삼고, 부끄러움과 수치를 모르는 사람은 천박하다. 붓다는 이런 이들은 현세엔 비난받고 내세엔 나쁜 곳에 태어난다고 경고했다. 인과의 실에 따라 인간은 더 나은 존재가 될 수도, 더 나쁜 존재가 될 수도 있다.

수행을 통해 우리는 인간의 격을 높일 수 있다. 자유의 길, 지혜의 길, 해탈의 길, 성인의 길을 걸어갈 수 있다. 이를 깨닫지 못한 채 삶의 표피에 붙잡혀서 사는 사람은 천박하다. 『의무에 대하여』에서 로마 철학자 키케로는 묻는다. "사람이 야수로 변하는 일과 겉모습만 남은 채 야수 같은 잔인함과 야비함을 품고 행동하는 일이 어떤 차이가 있겠는가?" 아무 차이도 없다. 인간은 어떻게 사느냐에 따라 그 격이 야수로 떨어질 수 있다. 야수의 길을 걷는 자는 자신에게 더 심오한 삶, 더 고상한 삶, 더 우아한 삶이 있음을 전혀 깨닫지 못한다.

세네카는 인간의 품격이 이타성에 따라서 결정된다고 주장했다. 그에게 자유는 노예의 삶과 인간의 삶을 가르는 기준이었다. 그러나 그가 생각하는 '리버럴liberal, 자유로운'은 자기 욕망을 위해 이기적으로 행동하는 게 아니었다. 동료 시민을 향해 고귀하고 너그러운 방식으로 사고하고 행동하는 시민적 덕성이었다. 그는 자기 자신, 자기 이익, 자기 쾌락만 위해서 사는 사람은 노예와 같다고 생각했다. 이는 공자의 품격 있는 삶의 정수로 생각한 인仁의 실행 방안, 즉 극기복례克己復禮와 통하는 바가 있다.

인간의 품격은 결국 나와 타인이 연결된 존재라는 사실을 존중하고 공공선에 헌신하는 태도에 달려 있다. 품격 있는 사람은 자기희생을 바탕 삼아 이기심을 억제하고 타인을 관용하며 공적 가치를 위해 헌신한다. 유스티니아누스 1세는 말했다. "탐욕은 현재 가진 것에 만족하지 않고, 늘 더 많은 것을 갈망하는 악덕이다. 그것은 모든 악의 뿌리이며 많은 범죄의 원인이다." 이러한 탐욕을 다스리면서 타인을 위해서 살아갈 때 우리 삶은 비로소 품격을 얻는다.

우리가 값지다고 우러르는 것,
이것은 모두 무엇인가?

순전한 공허함이요,
그림자요, 먼지와 바람이며,

다시 찾지 못하는 한 송이 들꽃과
같지 않은가!

그런데도 어느 한 사람 영원한 것을
눈여겨보지 않는다니!

독일 시인 안드레아스 그리피우스

인간 삶의 품격은 가진 것에서
생겨나지 않고, 보이지 않는 것,
즉 나 자신을 대하는 태도,
다른 사람을 대하는 자세에서 생겨난다.

이명원

문학평론가이자 경희대 후마니타스칼리지 교수이다. 지은 책으로는 『두 섬: 저
항의 양극, 한국과 오키나와』『연옥에서 고고학자처럼』『시장권력과 인문정신』
『마음이 소금밭인데 오랜만에 도서관에 갔다』 등이 있다. 상상비평상, 성균문학
상, 한국출판문화상 등을 수상하였다.

품위와 적막
- 루쉰을 생각하며

마음이 소금밭일 때 한 번씩 꺼내서 읽는 문장들이 있다. 중년에 이르는 동안 삶을 관통해 간, 혹은 지속되고 있는 상황들이 종종 있었으므로 실로 여러 번 반복해서 읽은 셈이 된다. 중국의 소설가 루쉰의 창작집 『납함吶喊』의 「자서自序」가 그 가운데 하나다. 대개 한국에서 납함吶喊은 '외침'으로 번역되고 있다. 그런데 경우에 따라서는 한자어 '吶'을 더듬거린다는 뜻의 '눌'로 읽어 『눌함』으로 음역하기도 한다. 루쉰의 소설이 기세를 동반한 '함성' 쪽인지 아니면, 더듬는 말로 간신히, 그러나 기어이 '절규'하는 쪽인지는 그에게 물을 수 없으니 정확한 사정은 알 수 없다.

그렇더라도 루쉰의 개인적·역사적 곡절의 안쪽으로 들어가 독자 편에서 감정이입과 사고실험을 해보면 '납함' 쪽보다는 '눌함' 쪽의 이중구속, 호방하게 외치고 싶지만 결국 제대로 된 음운의 분절이 어려운 안간힘으로 그가 소설과 산문을 원고지 위에 조소彫塑하는 심정으로 써 내려갔던 것이 아닐까 하는 생각이 든다.

지금 같은 원고를 쓸 때 나는 대체로 명료하고 힘 있는 문장으로 써야 한다고 생각할 때가 있다. 그러나 어쩔 수 없이 사람과 세계에 대해 생각하다 보면, 저 외부와 나 사이에 간격을 좁힐 수 없거나, 훤히 보이지만 그것을 뚫고 나갈 수 없는 투명한 막이 견고하게 드리워져 있다는 느낌 때문에, '언어'를 체념해야 하는 순간도 있는 게 아닌가 싶을 때가 있다. 아마도 그것이 루쉰이 '적막감'이라고 반복해서 말한 마음의 상태인지도 모른다.

그러나 내가 난생처음으로 적막감을 느꼈던 것은 그 일이 있고 나서였다. 처음에는 내가 왜 그런 적막감을 느끼는지 통 이유를 알 수 없었다. 그 뒤 곰곰이 생각해 본 결과 마침내 결론을 얻을 수 있었다. 즉 어떤 사람의 주장이 받아들여지게 되면 그는 전진할 수 있게 되고 또 반대에 봉착하면 분발하게 되는 법이다. 그런데 멀쩡한 사람에게 호소했는데도 아무런 반응도 보이지 않았다면 그것은 찬성도 반대도 아니므로 이럴 때 사람은 황야에 홀로 내팽개쳐진 사람처럼 어찌할 바를 모르게 된다. 이 얼마나 비참한 노릇이겠는가? 나는 바로 그런 것을 느꼈기 때문에 적막감에 빠졌던 것이리라.

루쉰,「자서」 중에서

　이 문장들의 앞쪽에서 루쉰이 고백하고 있는 것은 신산스러 웠던 그의 성장체험에 대한 것과 더하여, 그를 문학 쪽으로 '전 향'하게 만든 이른바 '환등기 사건'러·일 전쟁기 중국인 포로의 처형 장 면의 목격의 충격과 동포 중국인들에 대한 실망과 분노들이다. 그 러나 루쉰이 그런 대의에 대한 열망/절망의 복합 심리만으로 '적막감'에 빠졌다고만은 볼 수 없다. 또 이 '적막감'에 포위된 시간들이 덧없고 무의미한 시간이었다고 생각할 필요는 더더욱 없다. 반대로 활기와 열망으로 지속되는 생애의 마디에서 돌연 직면하게 되는 이 '적막감'이야말로 루쉰을 가장 루쉰답게 만들 었던 내적 성숙의 시간이었을 것이다. 루쉰에게는 이러한 적막 감이야말로 작가적 품위의 전제조건이었을 것이다.

　시선을 오늘의 현실로 돌려 보면, 우리에게 품위나 성숙과 같 은 내면화된 지향적·인격적 가치는 점점 희미하게 소실되어 가 는 것처럼 느껴진다. 물론 그것은 다음과 같은 몇 가지 구조적 원인에 기인하고 있는 것으로 보인다.

　첫째, 양의 동서를 막론하고 오랜 인류사를 거쳐 축적되고 보 존되어 왔던 인간다움의 가치를 뒷받침해 왔던 공동체의 전통 이나 유대감, 타자에 대한 윤리가 와해된 대신, 자본주의의 극단적 전개에 따른 '교환가치'의 절대화가 사람을 '상품'과 같이 사고팔 수 있는 사물로 격하시켰다. 맑스의 『자본론』을 고려하지 않는다고 할지라도, 기득권층의 위신·이권 투쟁은 결국 물질적 이익 추구의 독점으로 귀결되었다. 가면 갈수록 최소한의 염치가 사라진 세상의 어둠이 짙어지는 것 역시 이익 추구가 절대선이 되어버린 사회의 단면을 보여준다.

둘째, 공동선이 사어死語로 전락하고 있음을 우리는 무수한 사회의 기득권층의 말과 행태에서 확인한다. 부인의 국정농단에 대한 사과 기자회견에서조차도 "미쳤냐", "무식하다", "말귀를 못 알아들어서"라는 표현을 아무렇지도 않게 발성하면서, 당신들의 "국정농단"의 정의가 틀렸으니 "국어사전을 바꿔야"한다고 말하는 윤 대통령의 언어는 상스럽기 짝이 없다. 또한 근본적인 원인은 정권에 의한 기습적인 의대 정원의 증원 문제에 있다고 하더라도, 그것에 비타협·저항한다는 의사협회 집행부와 전공의들의 반응 역시 신경질적이고 상례를 벗어난 경우 역시 확인하게 된다. 그들도 의례적으로는 히포크라테스의 선서를 하기는 했을 것이다. 이른바 정치검찰은 물론이고 법조인사들 역시 공동선을 사어로 전락시키고 있는 중요한 기득권층 중의 하나이다.

셋째, 시스템화된 제도관리 사회의 압력 역시 인간다운 자율성을 크게 훼손시켰다. 1990년대 세간의 독서인들에게 오인된 책 중에 리오타르의 『포스트 모던의 조건』이 있다. 범박하게 이해하자면 이 책은 후기근대의 가장 중요한 특징이 '진정성'과 '정당성'을 기초로 한 거대서사와 거대담론의 소멸에서 찾는 저작이다. 그렇다고 해서 미시담론과 미시서사가 번성할 것이라는 것이 이 책의 문제의식이나 결론이 아니다. 이 책이 집중적으로 논의하고 있는 것은 한 사회와 문명이 컴퓨터정보화 사회로 변모함에 따라 '사회적 유대감'이 어떻게 파괴되며, 그때 지식의 성격은 어떻게 변모할 것인가를 조명하고 있다.

오늘과 같이 인공지능AI이 본격화되지 않은 시점이었음에도 불구하고 리오타르가 예상하는 근미래는 사회의 컴퓨터화가 결국은 시장체제를 통제하고 규제하는 지배적인 원칙이 됨에 따라 결국 인간은 끊임없이 네트워크 혹은 제도관리의 통제된 명령체계에 따라 그것을 수행하는 기능단위로 축소될 가능성이 높다는 것이다. 가령 내가 속해 있는 대학 제도나 교수 사회 역시 촘촘하게 분할되고 구획된 글로벌한 평가시스템의 강제와 경쟁 논리에 따라, 교육과 연구, 사회봉사의 자율성이 거의 상실되어 가고 있다.

넷째, 노이즈noise와 정보 쓰레기internet troll의 확산을 전 지구화하고 있는 인터넷 및 유튜브, SNS 미디어, 그것의 가속적 분화의 결과로 나타난 숏폼 콘텐츠 등의 범람, 각종의 페이크 뉴스와 딥 페이크 기술의 출현에 따른 언어와 사고의 '탈승화' 경향 역시 노골적 수준이다. 미디어는 메시지이기보다는 '탈근대적 흉기'로 전락하는 경향이 더욱 미만해 있는데, 그곳에서 발성되는 언어와 전시되는 형상과 발산되는 정동들은 '품위'란 벗어버리면 버릴수록 열광하는 관객을 끌어모으는 뜨거운 극장이 될 수 있음을 끈질기게 추동하고 유혹한다. 이것은 영화라는 현대적인 미디어의 출현 앞에서 정신분산/열적 인간의 전형으로 '배우'의 일상을 조명했던 발터 벤야민의 분석조차 이제는 고전·고대적인 진단이 되었다는 것을 암시한다.

품위 있는 인간이 된다는 것은 타자를 어떻게 대우할 것인가의 문제와 관련된다. 왜냐하면 타자와의 교통 아래서 나=주체가 구성된다는 관계론적 사유가, 되돌아와 나를 구성하기 때문이다. 따라서 품위 있는 인간의 조건은 어떻게 한 사회가 나와 타자의 자존감과 자부심을 양립 가능하게 하면서도, 그것을 내향화 해 우리를 성숙하고 신중할 뿐만 아니라 겸손한 존재로 발효시킬 수 있는가 하는 나날의 숙고와 실천을 낳게 한다. 품위 있는 인간이 존재하기 위해서는 그것을 가능케 하는 관계망의 토대로서의 '품위 있는 사회'를 요구한다. 품위 있는 사회 안에서만 '품위'가 정언적 실천 명제가 아닌 만인들의 일상적 생활 원리로 스며들 수 있다.

여기에 한 가지 더 덧붙일 것이 있다면 그것은 '적막감'의 시간이 필요하다는 점이다. 다시 앞의 루쉰의 「자서」로 돌아가자. 그에게 수시로 출몰했던 적막감의 시간 동안 그는 무엇을 하고 있었던가.

나는 몇 년 동안이나 그 집에 기거하면서 고비古碑를 베끼고
있었다. 객지에 있기 때문인지 찾아오는 사람도 별로 없었고,
또 고비 가운데서도 이렇다 할 문제점이나 무슨 주의主義에
봉착하는 일도 없었지만 그런 와중에서도 나의 생명은 소리
없이 사그라들고 있었다. 그것은 어찌 보면 나의 유일한 희망
이었는지도 모른다.
여름밤이면 모기가 많았다. 그러면 나는 느티나무 밑에 앉아
창포풀 부채를 부치곤 했다. 빽빽이 들어선 나뭇잎 사이로 푸
른 하늘이 한 점 한 점 보였고 이따금 늦게 나온 느티나무 벌
레가 싸늘하게 내 목 위로 떨어지곤 했다.

루쉰, 「자서」

루쉰의 행위를 내 식대로 요약하자면 그것은 무위無爲의 실천
이다. 이는 루쉰이 살아왔고 앞으로도 관통하게 될 인위人爲 혹
은 작위作爲의 목적론적 삶과는 다른 속성의 시간이다. 인위와
작위의 세계는 우리가 일상 속에서도 꾸준히 노출되어 있는 압
력의 하나인 모든 일상을 효용론적 생산성으로 재편하라는 요
구에 가깝다. 루쉰이 견지했던 정치적 신념이나 주의主義라고 하
는 것 역시 더없이 소중한 중국적 현실의 문화적·정치적 변혁에

해당하는 것이겠으나, 아마도 루쉰은 자신의 행위를 포함한 모든 사회적 실천들 속에는, 알게 모르게, 그가 풍자적으로 비판하기도 하고 연민하기도 했던 '아Q적인' 자기기만과 태도의 희극이 불순물처럼 섞여 있음을 날카롭게 의식했을 것이다.

그러한 인위 혹은 작위의 세계로부터 방법적으로 또 실천적으로 스스로를 이탈시켜 어떠한 효율성이나 생산성, 또 계몽적 요구 일반까지도 과감하게 도려내는 내적 혁명의 시간이 위에서의 적막감, 더 정확하게는 무위적 삶을 향한 과감한 단절로 볼 수 있다.

긴 세월의 풍상에 마모된 고비의 문자들을 탁본하고 기록해 나가는 하루하루의 규칙적 작업은, 마치 번역 과정이 깊어지다 보면, 어떠한 목적론적·효용론적 요구와 무관하게 그 작업 자체가 정신분산적 현실에 대한 깊은 망각 혹은 휴식으로 이끄는 패턴과 유사하다. 그렇게 되면 고비를 베껴 쓰는 작업이나 창포풀 부채를 부치는 무의식적 행동 모두 세계로부터 스스로를 여집합처럼 이탈시키는 것과 동시에, 집요한 '나'에 대한 자의식조차도 방법적으로 휘발시키는 이중적 효과를 초래할 수 있다. 이것은 철저하게 나의 정체성을 둘러싼 내적 고투를 비움으로써 타자그것이 사람이든 사건들이든들의 돌연한 방문을 환대할 수 있는 내면적 여백과 시간과 공간을 만들게 된다.

불행하게도, 이 여백의 시간과 장소를 현대인들은 확보하기 어렵다. 왜냐하면 그의 내외부에서 끊임없이 들리는 외침이란 너의 효용성을 증명하고 위신의 투기장인 사회에서 승리해야 한다는 것과 같은 모욕적 요구들이기 때문이다.

품위 있는 인간이 된다는 것은 이러한 여백과 적막감, 그리고 무위의 시간을 소외나 배제가 아니라 적극적으로 안으로 끌어안는 시간을 필요로 한다. 개인적·사회적 품위란 이 보이지 않는 무위의 시간 속에서, 혹은 나로부터 세계까지 이어지는 관계 속에서의 겸허함과 겸손을 배우는 시간일지 모른다. 달리 말하면 그것은 무용지용無用之用의 가치를 내부와 외부에서 침착하게 받아들이고, 이로부터 세계가 강제하는 정신분산적 행위와 정념, 관계를 주체적으로 재편하는 준비의 시간인지도 모른다.

그런데 루쉰이 경험했던 저 도저한 적막감의 시간은 단지 루쉰에게만 해당되는 것은 아니다. 역사를 살아간 모든 사람들 역시 생의 도처에서 이 적막감의 시간을 경험해왔고, 앞으로도 경험해 갈 것이다. 달이 스스로 차오를 때까지의 침착한 리듬으로 적막감이 지속되는 시간에 조바심을 내지 말 일이다.

장현정

작가, 사회학자, ㈜호밀밭 대표. 부산대학교 사회학 박사 과정을 수료하고 부산
출판문화산업협회 초대 회장을 역임했다. 『록킹 소사이어티』를 비롯해 여러 권
의 책을 썼으며 최근 작품으로 『바다의 문장들 1』을 펴냈고, 『주4일 노동이 답이
다』(공역)와 『파시스트 거짓말의 역사』를 우리말로 옮겼다.

조용히 이 세계를
사랑하는 마음, 품격

#정3품 이상은 하지 말라

올여름은 유난히 더웠다. 어렵거나 무거운 책 대신 머리를 맑게
하는 산뜻하고 담백한 글들을 찾아 읽고 싶었다. 지식보다는 지
혜가 필요한 계절이었다. 그러던 중, 조선 시대 명문가들의 가훈
에 '정3품 이상의 벼슬은 하지 말라'는 말이 자주 나타난다는 구
절이 눈에 들어왔다. 당장 그 유명한 경주 최부자집만 하더라도
육훈의 첫 가르침이 '진사 이상 벼슬은 하지 말라'는 것 아니었
던가. 예전에는 이런 글을 만나도 별생각 없이 지나쳤는데 이번
에는 왜 갑자기 마음에 와닿은 걸까. 확실히 문장이나 책과도 시
절 인연이란 게 있는 모양이다. 사실은 다들 조금이라도 더 자기

를 과시하고 싶어 안달인 세상에서 피로도가 높던 차였다.

다들 더 높은 자리에 올라가고 더 많은 돈을 벌고 싶어 하고 더 좋은 걸 쓰고 싶어 하는 세상이다. 더 큰 힘을 갖고 싶어서 눈 딱 감고 손에 때를 묻히고 심한 경우 피까지 묻히는 일도 다반사 다. 그런데 옛 어른들은 왜 정3품 이상의 벼슬은 하지 말라고 했 던 걸까. 아마도 싹싹 긁어서 다 먹어 치우는 게 아니라 다음을 위해 여백을 남겨두는 석과불식碩果不食의 지혜, 부富와 귀貴 모 두를 욕심내지 않고 공적인 일을 할 때는 청빈하고 부를 얻으려 거든 공적인 일에 나서지 않는 지혜, 너무 높은 자리에 오르면 다른 사람의 처지 하나하나를 헤아리며 일하기 어려우니 유연 하게 움직일 수 있도록 여지餘地를 남겨두는 지혜 같은 걸 전해 주고 싶었던 게 아닐까. 한마디로 요약하면 이른바, 지지知止[1]의 지혜를 알려주고 싶었던 것은 아니었을까.

※ 경주 최부자집 가문의 육연六然과 육훈六訓은 다음과 같다.

---

[1] 송나라 주희가 편찬한 『대학』에서 나오는 말. "마음이 그칠 때를 안[知止] 뒤에야 안정되고(定), 안정된 후에야 고요해진다(靜). 고요해진 뒤에야 편안해지고(安) 편안해진 뒤에야 깊이 생각하게 되며(慮) 깊이 생각한 뒤에야 비로소 얻을 수 있 다.(得)"

아크

육연六然

1. 자처초연自處超然, 스스로 초연하게 지내고

2. 처인애연處人靄然, 남에게 온화하게 대하며

3. 무사징연無事澄然, 일이 없을 때는 마음을 맑게 가지고

4. 유사참연有事斬然, 일을 당해서는 용감하게 대처하며

5. 득의담연得意澹然, 성공했을 때는 담담하게 행동하고

6. 실의태연失意泰然, 실의에 빠졌을 때는 태연하게 행동하라

육훈六訓

1. 과거를 보되 진사 이상 벼슬을 하지 마라

2. 만석 이상의 재산은 사회에 환원하라

3. 흉년에는 땅을 늘리지 말라

4. 과객을 후하게 대접하라

5. 주변 100리 안에 굶는 사람이 없도록 하라

6. 시집온 며느리들은 3년간 무명옷을 입어라

#적나라한 세상에 휩쓸리지 말라

물론, 분수에 맞게 적당한 지점에서 멈추면 여유는 생기겠지만 더 이상의 발전은 없지 않겠냐고 반론을 펼 수도 있다. 만족해버리면 더 나아가지 못하는 법이니까 말이다. 밤잠을 줄여가며 영혼까지 갈아 넣어도 될까 말까인 시대에 지나치게 한가한 이야기라고 핀잔을 줄 수도 있다. 하지만 정3품 이상의 벼슬은 하지 말라던 지지知止의 가르침이 정말 그렇게 전근대적이고 시대에 뒤떨어진 이야기이기만 할까. 오히려 그것은 인간을 무궁무진한 가능성의 존재라고 앞에서는 추켜세우면서 뒤에서는 자기계발이니 자기관리 같은 미명 아래 달달 볶고 못살게 군 근대의 세계관에 대한 따끔한 질책 아닐까. 만족하면 안 되고 계속해서 더 나아가야 한다며 다그치는 강박적 효율성의 세계관에 대한 성찰적이고도 말 그대로 어른스러운 조언 아닐까.

　실제로 사회학자로서의 내가 작년에 가장 주목했던 사회적 통계는, 그렇게 끝없이 자기를 관리하고 계발하며 하루 24시간을 240시간처럼 효율적으로 살기 위해 분투해온 현대 한국인들의 정신건강이 심각한 수준의 위험 상태에 다다랐다는 것을 보여주었다. 광기에 가까운 경쟁과 능력주의 이데올로기로 사람들이 우울증이나 공황장애를 감기처럼 무시로 앓게 된 시대가 되어버린 것이다. 예를 들어, 2017년부터 2023년까지 5년 동안 서울에서 가장 많이 늘어난 병원은 정신건강의학과인데 302개에서 534개로 무려 76.8%가 늘었다.[2] 숫자만 보면 실감이 잘 나지 않겠지만 엄청난 수치다. 2024년인 올해 가장 눈에 띈 통계는 10대 자살률의 급증인데 1983년 통계 작성 시작 이후 역대 최고 수치를 기록했다.[3] 다른 이들도 아닌 10대 아이들이 이렇게나 많이 대대적으로 자살하고 있다는 소식은 너무도 끔찍하고 슬프다. 우리나라의 전체 자살률도 OECD 평균인 10.7명의 두 배를 훌쩍 넘는 24.8명으로 압도적 1위를 기록하고 있다. 지금도 매일 38.3명이 스스로 목숨을 끊는 중이다. 이 수치도 2014년 이후 9년 만에 가장 높은 것이라니 이러고도 '더 크게, 더 많이, 더 높게'를 외칠 수 있는 노릇인지 의심스럽다. 다들 너무나 지쳐있고, 너무나 힘들어하며 간당간당하게 살고 있지 않은가. 어느 쪽이 정말 한심한 세계관인지 진지하게 따져 볼 때가 되었다.

---

2 매일경제, "서울 소아과 5년간 10곳 중 1곳 문 닫았다··· 정신과는 77% 급증", 2023.05.25

3 중앙선데이, "지난해 자살률, 9년 만에 최고치", 2024.10.05

#밖으로는 친절, 안으로는 품격

지금보다 조금 더 조용하게 살면 어떨까. 조금만 더 느리게, 쉬엄쉬엄 살 수는 없을까. 아무리 급하고 욕망이 들끓어도 바닥까지 보이지는 말고, 괴물은 되지 말고, 기본과 상식은 지키면서 살아갈 수는 없을까. 그러려면 우리에게 무엇이 필요한 걸까.

앞서 언급한 통계들만 보더라도 이제 우리는 경제적 풍요를 떠나 이게 과연 사람다운 삶이고 제대로 된 사회인지 진지하게 되돌아보고 고민해 봐야 한다. 『미국민중사』의 저자로도 유명한 세계적인 역사학자이자 사회운동가 하워드 진Howard Zinn, 1922-2010은 타계하기 몇 해 전 어느 인터뷰에서 지금 우리 시대에 가장 필요한 가치가 무엇이라고 생각하느냐는 질문에 '친절kindness'이라고 답한 바 있다. 자기의 바깥으로 타인과 공동체를 향한 친절이 필요하다면 자기의 안으로는 조금 더 느리고 고요한 삶을 향한 용기와 비우고 멈출 줄 아는 지혜가 필요할 것이다. 남의 시선이나 세속적인 기준과 상관없이 오직 자기 속도와 윤리 속에서 더 근사한 사람이 되기 위해 묵묵히 한 걸음을 옮기는, 이른바 품격 같은 것 말이다.

보통 '품격'이라고 하면 사회적 지위나 부의 수준, 근사한 옷이나 우아한 말처럼 겉으로 드러나는 이미지를 떠올리기 십상이지만 그러면서도 뒤로는 꼼수를 펴고, 사람을 잔인하게 다루며, 이기적이고, 무엇보다 자기 객관화가 안 되는 실제로는 격이 아주 낮은 사람들도 많다. 그러니 품격은 바깥으로 한눈에 드러나는 것이라기보다는 오히려 안에서 익어 은은하게 풍기는 향기 같은 것이다. 품격은 어느 날 갑자기 만들어낼 수 있는 것도 아니어서, 건강검사 때 피를 뽑으면 평소 그 사람의 생활 습관이 수치로 나타나는 것처럼 매일매일의 삶 속에서 조금씩 스미고 배어들다 어떤 국면에서 은근하게 우러나오는 고귀하고도 존엄한 가치이다.

#내적 질서가 어떤 상황과 조화를 이룰 때[4]

품격品格이란 단어를 사전에서 찾아보면 '사람 된 바탕과 타고난 성품'이라고 정의되어 있지만, 사실 '타고난'이라는 형용은 옳지 않다. 격格이라는 글자가 나무[木]로 잘못된 것을 바로잡고, 고치고, 다듬는다는 의미를 갖기에 처음부터 결정된 기질 같은 것이 아니라 일상 속에서 매일매일 갈고 닦은 결과라고 보는 것이 더 알맞기 때문이다. 격格은 나무木와 각各이 결합된 형태로,

———

4 이 장에서 한자 어원에 관한 내용은 『상용자해』(시라카와 시즈카, 박영철 옮김, 도서출판길, 2022)와 『한자어원사전』(하영삼, 도서출판3, 2018)을 참고했고, 영어 어원에 관한 내용은 https://www.etymonline.com 를 참고했다.

각기 다른 것들을 나름의 기준과 방식으로 체계적으로 정렬시킨 상태를 나타낸다.

품品은 물건이나 사람의 종류, 성질, 또는 등급을 나타내는 한 자인데 원래는 신에게 제사 지내던 그릇인 '口'가 여러 개 있는 것을 의미했다. 그리고 이런 신성한 물건들을 숨겨둔 장소는 '구區'로 표현했다. 그러다가 나중에 물건 전반을 의미하게 되었는데 세 개의 입口이 모여 있는 모양으로 여러 요소가 조화를 이루는 상태도 나타낸다.

영어에서 품격을 나타내는 단어로는 'dignity'를 들 수 있는데, 이는 '적절한, 알맞은' 등의 의미였던 라틴어 'dignus'와 '수용하다, 받아들이다' 등의 의미였던 인도 유럽 원어 'dek-no'에서 파생했다. 어떤 자리나 맥락에 맞게, 합당하고 적절하게 처신하는 것과 관련 있음을 알 수 있다.

그렇다면 지금과 같은 상황과 맥락에서는 어떤 게 더 품격 있는 모습일까. 실용주의라는 그럴싸한 옷을 입었지만, 사실은 돈이 최고이고 눈에 보이는 것만 믿는 물질 만능시대에는 품격 같은 가치가 거추장스럽고 달리기에 불편한 모래주머니 정도로 취급될 때도 많다. 조금이라도 더 빠르게 더 많이 거둬들여야 하는데 어느 세월에 품격 같은 것을 챙기느냐는 것이다. 그러나 질주하는 풍경을 보며 품격을 떠올리는 사람은 별로 없다. 지금의 우리에게 필요한 것은 이제 전력 질주보다 산책이다.

#AI가 인간을 이길 수 없는 결정적 이유

지금은 우리에게 근대성보다 근대성에 대한 성찰이 더 필요한 시기이다. 파격보다 다시 품격이 필요한 시대가 되었다. 평범한 시대라면 더 빠르게, 더 많이, 더 높게 나아가기를 주저하지 않아야겠지만 위기의 시대에는 주변을 살피고 자기 자리를 잘 찾아 중심을 세우는 데 주력해야 한다. 그렇지 않으면 급류에 휩쓸려 완전히 발가벗고 바닥까지 떨어져 정신 못 차리다 생을 마감할 수도 있다.

우생마사牛生馬死라는 사자성어는, 홍수가 났을 때 소는 둥둥 떠다녀서 살지만 말은 필사적으로 발버둥 치다가 결국 죽는다는 세상의 이치를 알려준다. 신영복 선생님의 책 『강의』에서도 이른바 '득위得位'의 비결을 설명하며, "집이 사람보다 크면 사람이 집에 눌립니다. 그 사람의 됨됨이보다 조금 작은 듯한 집이 좋다고 하지요. 자리도 마찬가지입니다. 나는 그 '자리'가 그 '사람'보다 크면 사람이 상하게 된다고 생각합니다. 그래서 나는 평소 '70%의 자리'를 강조합니다. … 30 정도의 여백이 있어야 한다는 뜻입니다. 그 여백이야말로 창조적 공간이 되고 예술적 공간이 되는 것입니다. 반대로 70 정도의 능력이 있는 사람이 100의 능력을 요구받는 자리에 앉을 경우 그 부족한 30을 무엇으로 채우겠습니까? 자기 힘으로는 채울 수 없습니다. 거짓이나 위선으로 채우거나 아첨과 함량 미달의 불량품으로 채우게 되겠지요. 결국 자기도 파괴되고 그 자리도 파탄될 수밖에 없습니다"라고 말하고 있다. 정3품 이상 벼슬은 하지 말라던 옛 어른들의 지혜를 떠올리게 하는 대목이다.

영국 역사상 가장 뛰어난 총리로 꼽히는 윈스턴 처칠W. Churchill, 1874-1965의 사례는 더 많은 것을 생각하게 한다. 노벨문학상을 수상할 만큼 문학적 재능이 뛰어났던 그는 말더듬이라는 한계를 극복하고 최고의 연설가로도 유명했는데, 어느 날 한 젊은이가 찾아와 자기의 연설 실력을 평가해달라며 완벽에 가까운 연설을 선보이자 이렇게 조언했다고 한다.

"잘하는군, 하지만 다음부터는 좀 더듬게."

깔끔하고 완벽하고 허점 하나 없는 것만이 품격은 아니다. 애써 조금 모자랄 줄 아는 것이야말로 오히려 더 높은 품격일 수 있다. 그리고 나는 이것이야말로 AI가 절대 인간을 이길 수 없는 결정적인 이유라고 생각한다.

#조용히 이 세계를 사랑하는 마음, 품격

그동안 우리는 더 해보자고, 끝까지 나아가보자고, 극단까지 가보자고 노력하면서 서로를 펌프질해 왔다. 그 결과 놀라운 발전과 함께 역사상 가장 풍요로운 시대를 이루어냈으나 대신 잃은 것도 많다. 대표적으로 품격을 잃었다. 효율성을 위해 직선으로만 움직이다 보니 여백도 잃었다. 하지만 톨스토이는 고전 『전쟁과 평화』에서 사랑을 통해 성장하는 젊은이들의 아름다운 초상을 보여주면서 이렇게 말했다.

"우리 삶의 목적은 그저 존재하는 것이 아니라, 품위 있게 살아가는 것이다."

나는 품격이 아주 대단한 가치라고는 생각하지 않는다. 굳이 내 식대로 표현해 보자면, '조용히 이 세계를 사랑하는 마음' 정도랄까. 그러나 그러기 위해서는 물들지 않아야 하고 휩쓸리지 않아야 한다. 무엇보다 사람으로서의 온기를 잃지 않아야 한다. 물론 쉬운 일만은 아니다.

한 해가 저무는 세밑이다. 문득 내년 봄이 오면, 어느 밤이든 선선한 바람 부는 공원 같은 데 앉아 내가 좋아하는 김사인 시인의 시집 『가만히 좋아하는』을 반복해서 읽고 싶다는 생각이 든다. 수록된 시 중 「봄밤」이라는 시는 이렇게 시작한다.

"나 죽으면 부조돈 오마넌은 내야 돼 형, 요새 삼마넌짜리도 많던데 그래두 나한테는 형은 오마넌은 내야 돼 알었지, 하고 노가다 이아무개47세가 수화기 너머에서 홍시 냄새로 출렁거리는 봄밤이다."

김언

성난 얼굴인가?
부끄러운 얼굴로 돌아보라

천정환

품격의 문화정치:
그를 '돼지'라 불러도 될까?

류영진

품격의 파시즘에 대한
소고

오진혁

제국이 지켜온 가치와 품격
(관용과 포용, 조화와 공존)

김언

1998년 '시와사상 신인상'을 받으며 시인으로 등단했다. 시집 『숨쉬는 무덤』『거인』『소설을 쓰자』『모두가 움직인다』『한 문장』『너의 알다가도 모를 마음』『백지에게』, 시론집 『시는 이별에 대해서 말하지 않는다』, 평론집 『폭력과 매력의 글쓰기를 넘어』, 산문집 『누구나 가슴에 문장이 있다』, 독서산문집 『오래된 책 읽기』등을 출간했다. 지금까지 대산문학상, 미당문학상, 김현문학패, 박인환문학상등을 수상했다.

성난 얼굴인가?
부끄러운 얼굴로 돌아보라

품격. 익히 들어봐서 잘 아는 말 같지만, 의외로 막연하게 다가오는 말이다. 비슷하게 품위라는 말도 떠오르고 기품이라는 말도 떠오르는데, 막상 정확한 뜻을 설명하기는 쉽지 않다. 헤매지 말고 사전부터 뒤적여 보자. 표준국어대사전에는 이렇게 뜻풀이가 되어 있다. 품격品格: ① 사람 된 바탕과 타고난 성품. ② 사물 따위에서 느껴지는 품위. 풀이대로라면, 품격은 사람에게 적용할 경우 태생적으로 결정되는 것에 가깝다. '타고난 성품'이란 풀이도 그러하고 '사람 된 바탕'이라는 풀이도 태어날 때부터 따라붙는 조건으로 읽히기 때문이다.

품격을 이처럼 태생적인 조건에만 결부시키면, 그러니까 태어날 때부터 결정되는 것으로 받아들이면, 의외로 속은 편할 수 있다. 고민한다고 해결될 문제가 아니니까. 그저 타고난 성품대로, 주어진 바탕대로 살아가면 되는 문제인데, 뭣 하러 애써 고민하고 번민하는 시간을 가지겠는가. 그러나 이건 사전적인 뜻풀이에만 매달릴 때 나올 수 있는 판단이고, 현실은 엄연히 다르다. 태어날 때부터 품격이 결정된 것이든 아니든 상관없이 인간은 괴롭다. 나날이 부딪히는 온갖 생활전선의 일이 괴롭고, 그런 일을 슬기롭게 헤쳐나가지 못해서 또 괴롭다. 돈을 많이 못 벌어서 괴롭고, 없는 형편에도 사람 구실을 하려다 보니 괴롭고, 제대로 하지 못해서 또 괴롭다. 가족이든 친구든 가까운 이들을 챙겨야 할 때 챙기지 못해서 괴롭고, 그런 자신을 책망하다가 정작 자기 자신은 잘 챙기는가 했을 때 또 그렇지 못해서 괴롭다. 인간은 괴로운 존재다. 어찌해도 괴로운 존재이고 괴로울 수밖에 없는 존재라는 사실을 자각하면서 되어가는 것이 있으니, 바로 어른이다.

어른이라는 말, 이 말의 무게감을 실감하면서 우리는 또 어른이 되어간다. "다 자라서 자기 일에 책임을 질 수 있는 사람"이라는 사전적인 뜻을 참고하면, 어른으로서 느끼는 무게감은 달리 말해 책임감이다. 책임감 없이는 어른으로 인정받을 수 없다는 말이기도 하다. 그럼 책임감 있는 어른이 되기 위해서는 어떻게 해야 할까? 어떤 것을 조건으로 갖춰야 할까? 우선은 자신에게도 사회에도 유의미한 가치를 지니는 일을 해야 할 것이고, 경제적으로는 자신을 비롯하여 가족을 돌볼 수 있는 최소한의 생계 활동을 해야 한다. 인격적으로 최소한의 성숙함을 갖춰야 하는 것도 당연히 따라붙는 조건이다. 저 셋 중 어느 하나라도 함량 미달이 되면, 그런 사람에게 우리는 어른이라는 칭호를 붙이지 않는다. 육체적으로 다 자랐다는 점에서는 어른이겠으나, 어른다운 어른, 그러니까 책임감을 지닌 어른으로서는 인정을 해주지 못한다.

책임을 질 수 있는 어른이 되기 위해서도 갖춰야 할 저 세 가지 조건은 그러나 어느 하나도 손쉽게 얻어지는 것이 없다. 모두 어떤 식으로든 희생이나 대가를 치러야 얻는 것이기에 어른이 되는 길이 그토록 힘든 일인지도 모르겠다. 그렇다고 시험에 합격하는 것처럼 일정 수준을 넘어서면 끝나는 일인 것도 아니다. 일생에 걸쳐서 따라붙는 어른 되기의 과정은 일생에 걸쳐서 자격을 갱신하는 일이나 수양을 계속하는 일처럼 고달프다. 그러니 괴로울 수밖에. 그러니 무겁고 버거울 수밖에.

자신의 삶에서 품격을 갖추는 일도 따지고 보면 어른이 되는 길만큼이나 고달프다. 우리는 아이들에게까지 품격을 요구하지 않는다. 어른이라고 할 만한 이들에게 요구하고 기대하는 것이 품격이므로, 품격을 갖추기 위해서도 우선은 어른다운 어른이 되는 것이 순서겠다. 어른다운 어른에게서 나오는 기품이나 품위가 품격이라고 해도 좋겠다. 실제로 어떤 사람에게서 품격이란 것이 느껴지기 위해서는, 자신의 일에 긍지를 가지고 있어야 하고, 최소한 자신의 생계 정도는 책임질 수 있어야 하며, 무엇보다 성숙한 인격을 갖추고 있어야 가능한 일이다. 어른이 되는 조건과도 맞물려 있는 저 셋 중에서 마지막에 나오는 성숙한 인격에 대해 좀 더 얘기를 하자.

✳

흔히 말하는 인격이나 인성은 저 혼자 있을 때는 잘 드러나지 않는다. 타인과 접촉하는 과정에서 곧잘 드러나는 것이 한 사람의 인격이고 인성이라면, 그 사람의 품격 역시 타인에 대한 태도나 타인과 맺는 관계를 통해 어느 정도 가늠할 수 있다. 그 사람이 타인을 어떻게 대하는지, 어떤 방식으로 타인과 관계를 맺는지, 또 어떤 타인들과 어울리면서 사회를 이루는지, 이런 것들을 통해 한 사람의 인격은 물론이고 품격까지 어느 정도 짐작할 수 있다. 가령, 타인을 거칠게 대하는 사람은 관계 맺음도 거칠 수밖에 없고 서로 어울리는 방식도 무리를 이루는 방식도 거칠 수밖에 없다. 폭력적인 태도가 폭력적인 관계를 부르고 폭력적인 집단으로 이어지는 것은 자연스럽다. 거기서 기대되는 인격이나 품격 또한 타인을 향한 존중이나 배려와는 거리가 먼 인격이고 품격일 것이다.

마치 한 세트처럼 따라붙는 '태도'와 '관계'와 '집단'은 그대로 한 사람의 인격을 설명하는 서사이면서 한 사람의 품격을 되비추는 이미지가 된다. 때로는 단편적으로 보이는 이미지 하나가 백 마디 말을 대신할 수도 있다. 타인을 대하는 태도 하나만 보아도 그 사람이 어떤 사람들과 어떤 관계를 맺으며 어떤 무리를 이뤄왔는지가 어렴풋이 보이는 것이다. 한 사람의 인생사가 소소한 태도 하나에도 묻어날 수 있으니, 말 한마디 행동 하나에도 늘 조심하라는 가르침이 귀에 딱지가 앉도록 따라붙는 것이겠다. 그러나 이미 몸에 밴 습관은 아무리 조심한다고 해도 부지불식간에 비집고 나온다. 행동과 행동 사이, 말과 말 사이를 기어이 비집고 나오는 '제 버릇'은 누구도 막아줄 수 없다. 그런 점에서 한 사람의 인격은 어느 순간 묻어 나오는 분비물과 같다. 아니면 자체 발광하듯이 저절로 눈에 띄는 것이 그 사람의 인격이고 품격일 것이다.

　저절로 눈에 띄는 그것이 아름다운 광경이면 보는 입장에서도 덩달아 아름다워질 것처럼 기분 좋은 일이 되겠으나, 애석하게도 그런 경우는 흔치 않다. 아름답기는커녕 눈살을 찌푸리게 하는 광경을, 때로는 개탄을 금치 못하는 광경을 목도해야 하는 경우가 얼마나 많은가. 멀리 갈 것 없이 내가 다니는 직장이나 학교에서도, 버스나 지하철에서도, 자주 들르는 식당이나 편의점에서도, 저 사람 왜 저럴까 싶게 행동하는 경우를 자주 본다.

담배 한 갑 사면서 처음부터 끝까지 반말로 편의점 점원을 대하는 사람, 음식이 늦게 나온다고 식당 종업원을 쥐 잡듯이 잡는 사람, 고속버스에서 앞자리가 비었다고 앞 좌석 팔걸이에 턱하니 발을 올리고 가는 사람, 그러면서 등받이는 뒷좌석에 누가 있건 말건 신경 쓰지 않고 끝까지 젖히고 가는 사람, 회의 시간에 타인의 의견은 안중에 없고 자기 생각만 일장 연설하듯이 늘어놓는 사람, 어쩌다 자기 생각과 다른 의견이 나오면 화부터 내면서 윽박지르는 사람……. 사람 사이에 지켜야 할 최소한의 예의란 것을 모르거나 무시하는 저런 행태를 보이는 이들이 다른 자리에 간다고 해서 다르게 행동을 할까?

물론 자기보다 더 힘 있고 더 높은 자리에 있는 사람 앞에서는 극도로 조심할 수도 있다. 안면을 싹 바꾸고 세상 매너 좋은 사람처럼 굴 수도 있다. 그러나 그것이 타인에 대한 기본적인 존중과 배려에서 나온 매너가 아니라면, 개도 못 주는 '제 버릇'은 어디 가서도 다시 튀어나온다. 자신이 힘 있고 높은 위치에 있다고 자부할수록 개도 못 받아들일 그 버릇은, 그 매너는, 그 인성은 더 빈번하게 더 심각하게 드러날 것이다. 주변을 불편하게 만드는 정도를 넘어 불행하게 만들 수도 있는 저와 같은 인성에서 품격을 논할 수 있는 구석이 얼마나 될까? 거의 없을 것이다. 논할 수 있는 품격이 없거나, 논한다고 하더라도 떨어지는 품격만 보이는 사례는 얼마든지 더 있다.

＊

　헌책방에 가면 한 번씩 이런 책들을 볼 때가 있다. 속지에 저자의 서명이 들어가 있는 증정본이 그것이다. 그런 책을 볼 때면 여러모로 마음이 착잡해진다. 이제껏 십여 권의 책을 출간한 입장에서, 나의 책도 저처럼 내 서명이 들어간 상태로 헌책방을 전전할 수도 있다는 걸 상상하면 마음이 영 불편해진다. 우선은 책을 증정했던 상대에게 섭섭한 마음이 들 것이고, 나의 책을 어떤 이유에서 저렇게 취급했는지를 따져볼 것이고, 나아가 그 사람의 무성의하거나 부주의한 인성을 의심해 보다가, 급기야는 그 사람의 신상에 무슨 문제가 생겼나 하는 쓸데없는 염려까지 할지도 모른다. 그런데 이건 책을 증정한 저자로서 가질 법한 생각이고, 증정한 사람도 증정 받은 사람도 아닌 제삼자로서 가지는 생각은 또 다를 것이다. 잠시나마 책을 증정한 사람의 위신이 깎이는 것과 별개로, 증정 받은 서명본을 저처럼 헌책방에서 발견되도록 방치한 사람을, 사실상 버리는 것과 다름없이 취급한 사람을 다시 보게 되는 것이다. 책에 대해서도 사람에 대해서도 얼마나 무성의하고 부주의하면 누군가의 서명이 들어간 속지를 뗄 생각도 하지 않고 책을 팔았을까, 아니 버렸을까, 이런 생각을 하지 않을까?

　이런 생각을 할 수도 있는 제삼자를 생각하면, 즉 타인의 이목을 생각하면, 서명본을 증정 받은 입장에서 그 책이 마음에 안 들거나 불필요하거나 아니면 다른 피치 못할 사정으로 책을 처분해야 할 때, 최소한 서명이 들어간 속지만큼은 제거하고 버리거나 팔거나 할 것이다. 여기서 곰곰이 따져볼 것이 있다. 증정본 속지에 들어간 저자의 서명도 중요하지만, 그보다 더 중요하고 치명적인 것이 증정 받은 이의 이름이 들어가 있다는 점이다. 헌책방에서 발견된 서명본의 저자는 잠시 체면이 깎이는 정도의 망신을 당하지만, 증정본을 받은 이의 이름은 그보다 더 오래, 더 깊이 불명예스럽게 각인된다. 아무렇게나 버려진 책은 그 책을 준 사람의 이름보다 책을 받은 사람의 이름에 더 큰 오점을 남기는 것이다. 이 사실을 자각하지 못하는 사람이라면, 저자의 서명본은 물론이고 아예 책이라는 것을 선물 받을 자격이 없는 사람이다. 책에 대한 최소한의 경외심도. 서명본에 대한 최소한의 존중도 배려도 없는 사람에게 무슨 책이 필요하겠는가. 증정 받은 자로서 자신의 이름이 떡 하니 찍혀 있는 것도 뭐 그리 대단하게 여길까 싶다.

타인에 대해 존중과 배려가 없는 사람은 일차적으로 타인에게 민폐를 끼치는 인물이지만, 궁극적으로는 자기 자신을 망신시키는 사람이다. 문제는 자기 망신을 초래하는 일을 스스로 행하고 있다는 것을 모른다는 사실이다. 자기 망신인 것을 모르니 그토록 함부로 책을 대하고 아무렇지 않게 서명본을 버리는 것일 게다. 앞서 언급한 타인에게 불편과 불행을 끼치는 여러 사례역시 타인에 대한 존중과 배려 이전에 자기 성찰을 하는 능력 자체가 부족한 데서 생기는 일일 것이다. 요컨대 자기 성찰을 못하는 사람은 타인에 대해서도 사려 깊은 생각과 행동을 하기가힘들다. 자기를 돌아볼 만한 그릇이 못 되면 눈치라도 갖춰야 하는데, 그런 눈치조차 기대할 수 없는 사람이라면 더더욱 구제할길이 막막해진다. 어찌해도 구제할 길이 없는 상태에서 남아 있는 길은 나락의 길밖에 없을 테지만, 문제는 저 혼자서만 불행의나락으로 빠지지 않는다는 사실이다. 그와 인접한 주변 사람들에까지 온갖 악영향을 끼치면서 나락으로 향하는 길을 키워간다는 사실이다. 만약 그가 한 집단의 수장이면 집단을 나락으로보내고, 한 국가의 수장이면 국가를 나락으로 보낸다.

✳

　다시 말하자. 자기 망신이 뭔지를 모르는 인물은 자기가 속한집단의 망신도 철저히 모를 수 있다. 같은 논리로 개인으로서 갖춰야 할 품격이 뭔지를 모르는 인간은 집단의 품격도 철저히 외면할 가능성이 크다. 어쩌다 팔자가 좋아서 리더의 위치에 오르더라도 그가 속한 집단의 격을 높이기는커녕 깎아 먹기만 할 것이다. 국가의 격, 즉 국격도 리더의 품격에 따라 지속적으로 높아질 수도 있고, 한순간에 나락으로 빠질 수도 있다. 그러니 어느 집단이건 리더를 정하는 과정에서 한 개인의 실력, 경력, 배경뿐만 아니라 사람으로서의 됨됨이, 즉 품격을 따지는 일은 매우 중요하다. 국가의 수장을 뽑는 일은 말할 것도 없겠다. 한 나라의 운명이 한 개인의 인격과 품격에 따라 달라질 수도 있기 때문이다.

만약 개인의 품격을 따지는 일을 도외시하여 지도자를 잘못 뽑았다면, 그래서 그 집단의 품격도 같이 떨어지는 지경에 처했다면, 무엇보다 그런 사람을 지도자로 뽑은 집단의 구성원이 뼈저리게 반성해야 한다. 그래야 똑같은 실수를 반복하지 않을 테니. 반성을 통한 학습의 효과는 하나다. 인간 됨됨이로서의 품격은 자기 성찰을 할 수 있는 사람인가 아닌가, 그래서 자기반성이라는 것을 할 수 있는 사람인가 아닌가로 결정되며, 지도자로서 갖춰야 할 가장 밑바닥이자 근간에 놓이는 자질도 바로 자기 성찰이나 자기반성의 능력에 놓일 것이다. 자기반성은커녕 자기 망신이 뭔지도 모르는 사람은 주변 사람을 망신스럽게 만들고 부끄럽게 만든다. 마찬가지로 자기 망신을 모르는 지도자는 나머지 구성원들을 한없이 망신스럽게 만든다. 끝내는 자신은 물론이고 집단의 품격까지 나락으로 보내고서야 망신의 퍼레이드를 멈출 것이다.

그 지경까지 경험하고도 되풀이해서 그와 같은 지도자를 계속 뽑는다면, 도리가 없다. 그 집단 자체가 품격이 없다고 봐야 할 것이다. 자기 망신을 모르는 집난이고, 망해도 싼 집단인 것이다. 더 망하지 않기 위해서도 해야 할 일이 있다. 그런 지도자를 뽑은 자신의 낯짝을 보는 것이다. 부끄러움은 엉뚱한 사람들에게 돌아가지 않는다. 당사자들에게 돌아간다.

천정환

성균관대 국어국문학과 교수로 부산 출생이다. 한국 현대 문화사와 문학사를 연구하며 독서사, 잡지, 스포츠 민족주의, 자살, 대중지성, 검열 등 다방면의 주제에 관한 방대한 책을 써왔다. 최근작은 『숭배 애도 적대- 자살과 한국의 죽음 정치에 대한 7편의 하드보일드 에세이』이다.

품격의 문화정치 :
그를 '돼지'라 불러도 될까?

노무현과 품격

노무현 전 대통령은 지금에 와서는 다시 대중의 사랑과 추도를 받으며, 설문조사에서 '한국인이 가장 좋아하는 대통령' 1위 자리에 있지만,[1] 대통령 재임 기간에 그는 내내 위태로웠고 결국 실패한 대통령이 되고 말았다. 그것이 그의 비극적인 죽음의 원인이 되었으나 또한 그 죽음은 그에 대한 대중의 평가를 반전시켰다.

　노무현 정권 실패의 원인에는 노무현 자신의 실책 등 여러 이유가 있었지만, 집요하고도 간교한 기득권 지배동맹의 방해가

---

[1] 「한국인, 이순신 장군 가장 '존경'했다…좋아하는 역대 대통령은 [한국갤럽]」 『중앙일보』 2024.06.12. 등 참조

가장 컸을 것이다. 그들은 2002년 대선 과정에서의 노무현 돌풍과 당선으로 이어진 정치적 상황에서 표출된 대중의 힘과 진보적 개혁 의지를 두려워했다. 그래서 그런 힘에 대한 반대·증오·공포를 정치적·법적 행동으로 조직했고 당선 이후에도 헌법을 동원해 노무현을 권좌에서 쫓아내기 위한 기획을 했다.

그 대결의 성격은 대중과 엘리트, 인민주권과 기득권의 도구로서의 '법'의 대결이라 봐도 좋지 않을까. 민주당 내 라이벌이었던 이인제, 2002년 대선 당시의 경쟁자였던 이회창, 정권 내내 반노무현 선동을 이끌었던 조선일보 주필 김대중, 2004년 노무현에 대한 탄핵을 주도한 한나라당 최병렬과 민주당 대표 조순형, 2009년 박연차 게이트에서 노무현 수사를 지휘한 우병우·이인규 등은 한결같은 공통점이 있다. 서울대 법대 출신이다. 그런 '법복 귀족'들을 구심으로 한 한국의 지배계급 동맹은 그러나 실제로 노무현 때문에 계급적 이익을 크게 침해당한 적이 없었다. 노무현은 말로는 '특권과 반칙 없는 사회'를 내세우고 서울대와 강남 등의 기득권 소굴을 위협한 적은 있었으나, 실제로는 잘 알려진 것처럼 '왼쪽 깜박이를 넣은 채 오른쪽으로' 갔다. 신자유주의의 심화도, 대학 등록금과 부동산 가격의 급격한 상승도, 비정규직 노동의 양산과 재벌 중심의 경제체제 심화도, 한미 FTA 추진도 모두 노무현 정부에서 빚어진 일이었다. 노동 정책 또한 심각한 것이었다. 두산중공업 배달호, 한진중공업 김주익 같은 여러 노동 운동가들이 노무현 정부하에서 목숨을 끊었다.

노무현은 자신을 대통령 자리에 앉게 한 대중의 기대를 저버리고 결과적으로 기득권 체제의 이해에 복무했다. '노무현 정신' '노무현의 꿈' 같은 것은 어떤 가능성이었을 뿐, 한국 신자유주의와 불평등은 그야말로 '구조'로 굳어갔다. 이를 대중은 '진보'의 실패나 위선으로 간주했고 그 결과는 이명박의 집권이었다.[2]

이에 비하면 차라리 객관적인 노무현의 '치적'은 주관성의 영역에 있는 것, 즉 노무현의 '비주류' 출신임과 그에 걸맞은(?) 소탈함이나 탈권위주의 같은 것이었다. 그리고 이는 특권과 불의가 판치는 한국에서 인민주의적인 '콘텐츠'로서 적절한 것이기도 했다. 이런 면에서 특권동맹이 두려움과 증오를 느꼈는지 모르겠다. 특권동맹은 갖은 혐의를 들씌워 법으로 굴레를 짓는 한편, 갖은 언어로 노무현을 모욕했다.

점잖은 척하는 특권동맹과 소위 '보수'는 노무현에게 대통령다운 '품격이 없다'고 비판했다. 집권 초기부터 끝까지 대통령이 쓰는 말이 핵심 대상이었다. 시인·문학자·언론학자 등도 이 공격에 동원됐다. 예컨대 한때 민족문학 진영의 계관시인처럼 행세했던 고은은 "대통령의 언어에는 위선적이라고 할지라도 품

---

2 이 단락과 전후 단락의 내용은 필자의 『숭배 애도 적대 : 자살과 한국의 죽음정치에 대한 7편의 하드보일드 에세이』(서해문집, 2021)를 수정한 것이다.

위나 품격이 필요하다"며 "노 대통령의 언어는 명분을 벗어던진 적나라한 언어이며, 앞으로 정치에서 품위 있는 언어를 구사하는 것은 필요한 자격이 아닐까 생각한다"고 했다.[3] 노무현이 '좋은' 대학에 '엘리트' 출신이었다면 이런 말이 공격으로서 성립했을까? 더 안타까운 것은 노무현 자신이 이런 비판을 수용하는 자세를 취하기도 했다는 것이다.

> 저는 교양이 없습니다. 저도 대통령이 될 줄 알았으면 미리 연습을 하는 것인데, 체질적으로 제가 허리를 잘 굽히는 편이고 윗자리에 앉으면 불안해하고, 말은 위엄 있게, 행동은 기품 있게 할 필요가 없는 환경 속에서 살았습니다. …… 준비 안 된 대통령이라고 말하는 사람들이 많이 있는데, 다른 점에 있어서는 승복하지 않지만 언어와 태도에서 이야기한다면 충분히 훈련받지 못했던 점은 있습니다.[4]

여기 '품격_{기품}'과 '교양'의 문화정치적 본질에 대한 이야기가

---

3 「고은 시인 "盧대통령의 언어는 대통령 언어 아니다"」, 『동아일보』 2007.6.14. 그 외 다음을 참조. 이태동, 「위기감의 뿌리를 생각할 때」 『동아일보』 2003.5.22 ; 「사설 - 反엘리트주의, 反지성주의」 『동아일보』 2004.10.29 ; 유재천, 「'닫힌 언론관' 언제까지」, 『동아일보』 2003.6.3 ; 「최정호 칼럼 - 허무주의 혁명의 시대?」 『동아일보』 2007.6.13

4 노무현, 『성공과 좌절 : 노무현 대통령 못다 쓴 회고록』, 도서출판 학고재, 2009, 179쪽.

가득 들어 있다. 고은의 예를 들 필요도 없이 그 비판자들은 얼마나 '교양'과 '기품'을 갖췄는가. '교양'과 '기품'이 어울려 만드는 것이 '품격'이라면, 과연 그것은 누구의 것인가.

포스트 트루스 정치 구조와 품격

'포스트 트루스'라는 이 새삼스러운 정치 현상의 개념과 외연을 획정하기는 어렵다. 그것은 이미 오래전에 나온 <라쇼몽> 식 관점주의, 하버마스가 말한 '공론장의 재봉건화', 또 포스트모더니즘의 상대주의와도 당연히 혼동될 수 있는, 언론과 대중정치의 모든 문제를 거느리고 있다.[5] 즉, 무엇이 팩트이며 '트루스진실'인가 또 그것은 하나인가 하는 문제 말이다. 그런데 오늘 우리가 이야기하는 이 정치에서의 품격은 '포스트 트루스'의 문제와 관계가 깊다.

　포스트 트루스 시대를 활짝 연 것으로 간주되는 도널드 트럼

5　'포스트 트루스' 시대를 둘러싼 모던·포스트모던 문제에 관한 논쟁이 있다. 한국에서도 조정환, 정희진 등의 논자가 이 문제를 다루었다. 그러나 '진리의 성립 가능성' 문제를 중심으로 양자는 교차하는 듯하다.

프는 미국 대통령 재임 중 약 3만 번의 거짓말을 했다고 한다.[6] '가짜 뉴스'의 공장장 같은 그는 지금도 자기에게 비판적인 모든 언론을 싸잡아 '가짜 뉴스'라고 부른다. 뿐 아니라 이민자들이 '개·고양이를 잡아먹는다'라든지 같은 막말이나 토론 때의 인신공격 같은 그의 행태는 실로 천박하다. 그래서 그는 한 나라의 정치 리더의 자세, 정치 자체가 과연 무엇인지에 대한 의문을 제기하게 한다.

그러나 그런 '거짓말 정치'는 단지 트럼프의 기상천외한 인격 탓만은 아닐 것이다. 그것은 '포퓰리즘화'라 다소 부정확하게 칭해지는 미국식 대의정치의 곤경과 극악한 진영 정치, 그리고 언론 환경의 변화 때문에 빚어진 복합적 상황의 산물일 것이다. 그래서 미국에는 '포스트 트루스'의 현상과 원인을 분석하려는 수많은 논의가 철학, 언론학, 법학, 정치학, 윤리학 등등의 영역에서 축적돼 있다. 이런 논의는 이른바 '포스트 트루스 시대' 트럼피즘과 팬데믹이 겹쳐 엉망진창이 된 2020년대 미국의 고민의 일부로, 관련 논저는 정리하기조차 어렵게 많다. 결국 2021년 1월 6일의 의사당 점거 폭동[7]이란 초유의 사태로 폭발하고 아직

---

6 「"트럼프, 재임 중 3만번 거짓말"… 작년에는 하루 평균 39번」『한국일보』 https://hankookilbo.com > News > Read, 2021. 1. 25.

7 '2021 United States Capitol Riot' 또는 '2021 Storming of the United States Capitol'라 정식화된 명칭으로 불린다.

끝나지 않은 그 상황은 한마디로 미국 자유민주주의의 위기 그 자체다. 상당수의 논사들은, 거의 반복적으로, 미국에서의 그와 같은 포스트 트루스 현상의 원인으로, '사상의 자유 시장'의 무한 확장과 당파적 타락, 잘못된 정보와 음모론을 순식간에 확대하는 소셜미디어, 그리고 '권위'와 '전문가'의 실추 등을 원인이라 꼽는다.[8]

예컨대 제임스 볼의 『개소리는 어떻게 세상을 정복했는가원제 :Post-Truth: How Bullshit Conquered the World』는 미국 '언론정치'의 금권 구조와 대중의 상황에 좀더 초점을 맞추면서, 정치에서의 '개소리' 작동 원리가, 무엇이 진실인지에는 관심이 없고 대중이 어떻게 반응하는가에만 초점을 맞추는 것이라 짚는다. 또 '개소리'는 '감정적 호소', 즉 논리보다는 사람들의 감정을 자극하는 데 집중하며, '확증 편향' 즉 사람들이 스스로 이미 맞다고 믿고 있는 것을 강화하는 정보를 더 쉽게 받아들인다는 심리를 이용한다는 것이다.[9]

---

8 Tony Rehagen, <Welcome to Post-Truth America>, Boston College Magazine(2020 Fall) https://bc.edu/content/bc-web/sites/bc-magazine/summer-2020/features/welcome-to-post-truth-america.html 등을 참조

9 제임스 볼의 『개소리는 어떻게 세상을 정복했는가(원제 :Post-Truth: How Bullshit Conquered the World)』

한국에서는 어떤가? 먼저, 윤석열에 의해 한나절 방송·미디어 정책을 총괄하는 방송통신위원장 자리에 머물렀다 2024년 10월 현재 탄핵 소추 당한 상태에 있는 전 MBC 기자 이진숙의 사례가 떠오른다. 그는 "그의 특이한 인격적 면모 그 자체"[10]로 한 개의 상징처럼 보였다. 가장 무자격한 인물로 보이는 그가 인사 청문회 등에서 보여준 행태는 소위 '레거시미디어의 위기'나 한국 '보수'의 문제'개혁적 보수'의 불가능성이나 보수정권의 상투적 극우화 등 같은 생각도 아깝게 만든 차원의 '품격'을 갖고 있었다. 평론가 김명인은 "막장 같은 시대를 살아남기에 가장 최적화된 상태로 완성된 얼굴"[11]로까지 칭했다.

　이진숙은 그러나, '이명박근혜' 시대를 거치고 '촛불 이후'를 징검다리로 해서 윤석열 정권기까지 진화해온 한국식 '포스트 트루스 정치' 구조의 인격적 표현의 하나일 것이다. 그래서 윤석열, 김건희, 이재명과 그 정치 행태를 떠올려본다. 그것이 한국 문화정치에서 어떤 역할을 하고 있는가? 가장 큰 정치적 책임과 큰 문화적 상징의 자리에 있는 대통령 윤석열의 "날리면" 같은 언어들과 '어퍼컷' '도리도리' 들로 상징되는 보디랭귀지들,

---

10　김명인, 「우리가 이진숙이 되지 않으려면」, 『한겨레』, 2024.8.2

11　김명인, 위의 글. 그런데 이 글은 이진숙을 단독적 괴물로 묘사하고 '자기 성찰'이 이런 괴물이 되는 것을 막는 '실존'의 방법론이라며 문제를 '개인화' '인격화'하는 데 그친다.

그리고 그와 대척점에 있는 거대 야당의 지도자 이재명이 했던 형수에 대한 욕실과, 일련의 비리 사건에 연루되었다가 안타까운 죽음에 이른 자기 부하직원들에 대해 했던 말, 그리고 장애인이나 성소수자 운동에 대해 했던 다양한 말들. 한국 정치에서의 '품격'과 '진실'이라는 것은 미국의 그것 못지않게 절망적인 상황에 처해 있다는 것을 보여준다.

그리고 '여사님'. '철없고 무식한' '오빠'와 함께 그녀가 보여주는 '품격'과 면모는 그가 한국형 포스트 트루스 정치의 구현자 이상의 존재인 것임을 보여준다. 그는 이름·신체 등 생득적인 것과 사회가 한 개인에게 부여하는 이력_{학력, 학위 등}의 대부분을 개조하거나 조작했다. 그 대상은 주로 문서로 각인되고 법과 제도로써 인증되는 것들이며, 그가 개조·조작을 위해 사용한 수단은 무속, 성형술, 위조, 표절, 'Yuji' 등 '로우'와 '하이' 테크놀로지를 넘나들고, 물질적인 것과 초월적인 것의 간극을 없앤다. 이 수단들은 물론 '트루스'와 그에 기반한 법과 인정의 체계 따위를 모두 우습게 만든다. 그녀는 각자도생 무한경쟁 신자유주의 사회에서 승리자가 되기 위해 필요한 것 이상을 보여준 한국적 포스트 트루스 시대의 상징이다. 그 개조·조작·초합리성의 '포스트-휴먼'적인 면모는 진지한 연구 대상이 될 수 있다 생각

한다.[12]

품격의 최종 심급

보통 '품격'이라고 하면 행동이나 말의 외면에 나타나는 고상함
이나 우아함 같은 가치를 생각하지만, 실제 진짜 '품격'은 언행
에 배어있는 정직함, 일관성, 진정성 등의 가치를 의미하는 것일
테다. 그러할 때 현재의 한국 정치에서도 '품격'은 거의 불가능
한 가치로 보인다. 앞에서 굳이 쓴 최고 권력자들의 행태나 신뢰
의 문제만은 아니다. 한국식 '진영 정치'와 정치의 양극화는 강
고하기 때문이다. '조만대장경' 같은 말도 만들어내고 '내로남불
naeronambul'을 위키피디아에까지 등재하게 만든 '조국 사태' 이
후, 한국의 정치 언어와 비판은 진영논리에 심각하게 오염되어
버렸다. 지금도 무수히 반복되는 '내로남불'은 윤석열-김건희-
이재명 시대 한국 정치를, 거짓말·부정비리 등과 치명적 흠결이
있거나 드러나도, 정치인으로서나 지도자로서 실각하지 않는 상
태에 귀일시켰다. 다시 말해 '다 그렇고 그런 놈들'이기 때문에

---

12 임소연, 『나는 어떻게 성형미인이 되었나 : 강남 성형외과 참여관찰기』, 돌베개,
    2022 ; 전혜숙, 「현대미술 속의 신체변형: 포스트휴먼적 '경계존재'의 실행 방식
    들」, 현대미술사학회, 「현대미술사연구」 제31집, 2012.6 등 참조.

모두가 양해 받는 상태가 한국적 포스트 트루스 시대의 상태라 보인다. '정치의 사법화'는 내로남불의 보완물 또는 법적 장치처럼 보인다. '검찰정권'의 공로가 있다면, 검찰이야말로 '법'과 '공정' 이데올로기에 가장 적대적이고 편파적인 집단이라는 사회적 인식을 확고하게 만든 점이다. 이제 누구도 검찰의 사법적 판단을 믿지 않으며, 어떤 부정비리와 거짓말을 저지른 인사라도 임명직 공무원이 될 수 있다.

풍자와 비판의 품격

그러나 품격의 문제는 권력자들에게만 해당하지 않는다. 비판하는 측에게도 이 문제는 어렵고 중요하다.

처음 이야기했던 노무현 전 대통령의 경우로 돌아가 보자. 따지고 보면 노무현의 품격을 운운했던 그들은 기실 선을 넘은 경박함과 무례함으로 노무현을 대했다. 노무현을 '노가리'라는 인물로 등장시킨 한나라당 국회의원들의 연극 <환생 경제>는 대표적 사례다. 이 수준 낮은 풍자·조롱을 박근혜를 위시한 국회의원들이 낄낄대며 즐겼다. 노무현 시대를 지나면서 조롱과 희화화는 이후 한국 문화정치의 강력한 기제가 되었다.

한때 한국판 '넷우익'의 대명사였으며 20-30대 남성문화에

지대한 영향을 미친 일간베스트일베는 특히 노무현의 특징이나 죽음을 조롱하는 용어인 '운지', '재기', '~노' 같은 말을 만들어 퍼뜨리고 합성 이미지 등을 생산했다. 한편에게는 더할 나위 없이 숭고한 죽음이 다른 한쪽에선 희화화의 대상이 된 것이다. 그리고 이런 비판과 조롱은 곧 상대방의 무기가 되었다. 이명박과 박근혜 대통령은 각각 '쥐박이'와 '닭근혜'에 비유되고 불리었다. <나꼼수>는 이를 양식화한 인기 있고 대중적인 무대였다. 지켜야 할 선은 어디까지일까?

그처럼 풍자의 문제도 복잡하다. 원론적으로는 풍자는 권력자나 돈 많은 부자들을 향한 조롱이나 희화화에서 성립한다. 부패하고 부정직한 권력자나 돈 많은 부자들을 짐승에 비유하거나, 그들의 성性과 신체 특징을 부각하여 욕하는 것은, 풍자와 민중언어의 한 본질에 해당하는 것이다.

그런데 오늘날 '정치적 올바름'이라는 규범이 이 문제를 더 복잡하게 만든다. <개그콘서트>는 한동안 완전히 인기를 잃어 방영이 중지되었다. 자주 여성과 외모를 소재로 삼았던 유머가 낡고 정치적으로 올바르지 못하여 존립의 가치 자체가 없어졌기 때문이다. 그러나 때로 '정치적 올바름'은 너무 비대해져 거대한 위선의 기제를 만들고, 그 대가로 유머와 풍자의 자리도 무척 좁아졌다.

풍자는 대단히 '고맥락'이며, 풍자의 언어는 당연히 정치적 각성과 고도의 이성, 그리고 높은 언어구사력을 통해서만 성립한다.

이렇게 말하고 나니 입이 간질간질해진다. 윤석열을 '돼지'에 비유하거나 김건희를 '대통X'이라 불러도 되는가? 그렇게 욕하는 나의 품격은 어떻게 되는가? 노무현을 '노가리'라 불렀던 그 수준으로 떨어지게 되는가? 그리고 동시에 이는, 오늘날 발달한 동물권에 대한 생각과 페미니즘의 문화적 흐름과 부딪치기도 한다.

'품격'과 정치의 관계는 이처럼 다각적이고 모순적이다. 참으로 역설적인 것은, 그래도 사람들은 품격을 원한다는 것이다. 고은의 말대로 하다못해 위선이라도 품격이 없는 것보다는 있는 게 나은 것인지도 모르겠다. 문재인의 경우도 떠오른다. 하지만 위선으로 만든 품격이 바닥을 드러내 뵈는 것은 필연인데, 그래도 그게 나은가. 정직하거나 일관성이 없거나, 또 정의롭지 않으면, 겉만 포장된 품격은 별 소용이 없다.

품격은 물론 말이나 외양이 아니라 '본질'과 '진정성'에 있다는 것은 원론에서 별로 벗어나지 못한 결론 같다. 하지만, 이를 반복할 수밖에 없기도 하다. 며칠 전 유튜브에서 생전 천상병 시인과 그 부인 목순옥 여사에 대한 다큐를 보았다. 동백림 사건

고문 후유증 때문에 거리를 떠돌다 한때 행려병자 신세까지 됐던 천상병 시인은 그 다큐에서도 왜소했고 건강이 나빠 남루해 보였다. 외모뿐 아니라 말에도 '품격'이 있다 할 수 없었다. 마산 출신인 그는 감정이 이끄는 대로 나오는 드센 경상도 억양의 말을 세 번씩 또는 네 번씩 반복했다. "반갑다 반갑다 반갑다", 나는 "브람스 교향곡 좋아한다", "브람스 교향곡" "브람스 교향곡". 이런 대목들은 안타깝고도 좀 유머러스하기까지 했다. 그러다 영상에는 시 「귀천」이 나왔다.

> 나 하늘로 돌아가리라 / 새벽빛 와 닿으면 스러지는 / 이슬 더불어 손에 손을 잡고 // 나 하늘로 돌아가리라 / 노을빛 함께 단 둘이서 / 기슭에서 놀다가 구름 손짓하면은…

부드럽고 절제된 단어와 이미지들은 온갖 고통과 초라함을 다 이기는 이 천상병의 고매한 마음을 표현하고, 인간 세상의 '품격' 수준을 훨씬 넘어서버린다.

조화와 훈습

극단적 진영 정치에 신물이 나거나, 윤석열·김건희 시대를 살아가는 한국 사람들은 또다시 품격 있는 사회와 정치, 또 그런 가치를 품은 지도자를 원하는 것 같다. 진정 그럴 수 있으려면 정치가 크게 바뀌고 또 사회경제적 구조가 바뀌어야 할 것 같다. '촛불' 같은 호기도 놓쳤으니 우리는 좀 더 헤맬 듯하다. 그래서 계속 '품격'의 모순과 위태로운 유머 속에서 살아가야 할지 모른다.

나 스스로를 생각해봐도 그렇다. 노무현을 '이지메'한 '품격' 높은 사람들이 말한 그런 품격은 나에게도 없으며, 그런 걸 가져야 한다고 믿지 않는다. 위선 떨지 않고 시원하게 욕설을 쓰는 유튜브 코미디를 좋아하고, 오늘도 뉴스를 보면서 육두문자를 날린다. 그러면서 나도 품격 있으면서도 '민중적' 유머를 구사할 수 있는 사람도 되고 싶다. 그 사이에서 어떤 조화와 훈습이 필요한지 아직 잘 모르고 있다.

류영진

부산대학교 사회학과와 동 대학원에서 석사를 마치고 일본 후쿠오카대학에서
경제학 박사학위를 받았다. 현재는 일본 규슈산업대학 경제학부 교수로서 재직
하고 있다. 주요 전공 분야는 문화경제학으로 일상부터 예술에 이르기까지 다양
한 문화적인 요소들이 경제에 어떻게 영향을 미치는가에 지속적인 관심을 가지
고 연구 활동을 이어오고 있다.

품격의 파시즘에 대한
소고

도쿄도지사 선거에서 부각된 품격의 문제

2024년 7월 7일 일본 도쿄의 도지사 선거로 이야기를 시작해 보고자 한다. 이번 도지사 선거는 다양한 면에서 이목을 끌었던 선거였다. 일본 정치 내부적으로는 포스트 기시다의 정치 구도가 어떻게 될 것인가를 가늠하는 선거이기도 했으며, 사회적으로는 3선에 도전하는 고이케와 대항마인 렌 참의원의 여성 대결로서 미디어에 오르내렸다. 고이케의 정치적인 입장, 역사적인 인식 등은 일본 내에서도 논쟁적이었다. 일본 호세이대학 야마구치 지로山口二郎 법학과 교수는 한국 신문의 한 칼럼에서 이번 도쿄도지사 선거가 일본 사회의 현주소를 반영하고 있다고 말하였다.

　하지만 무엇보다 일본인들의 평범한 일상 속에서, 더하여 도쿄도라는 중앙에서 살지 않는, 지역에서 살아가는 이들이 도지사 선거에 대하여 자주 입에 올린 말은 바로 '품격'이었다. 일본에서 품격이 있다는 말은 "힌노아루品のぁる"이다. 이번 도쿄도지사 선거에 대한 세간의 평가는 대체로 "힌노나이品のない", 즉 품격이 없는 선거였다. 과연 무엇을 보고 사람들은 그렇게 말하는 것일까? 그 대부분은 난립한 후보자의 언동에 대한 평가에 기인한다. 이번 도지사 선거에서는 무려 56명이 입후보하였다. 이 중 일본 자위대 항공막료장을 지낸 다모가미 도시오田母神俊雄는 언론의 주목을 받으며 26만 표를 얻어 4위를 차지하였는데, "대동아전쟁은 백인 국가에 의한 유색인종 국가의 식민지화에 대항하기 위한 성전聖戰이다"라고 주장하고, 도쿄도의 외국인지원 정책은 모두 철폐하겠다고 공약을 내걸었다. 21위를 차지한 가와이 유스케河合悠祐는 일부다처제 도입, 연인 간 더치페이 제도화를 공약으로 걸고, 선거 포스터로 여성의 누드 사진을 게재하였다. 정책 주장 방송에서 상의를 탈의하며 귀여운 자신을 잘 봐달라는 여성 후보도 있었다. 'NHK로부터 국민을 지키는 당'은 무려 19명의 후보를 동시에 입후보시켰다. 다른 당의 후보들이 포스터를 붙일 자리를 뺏기 위한 전략이었다. 골프당, 포커당, 핵융합당, 패왕당, 네오막부 아키노리당 등 기상천외한 이름의

정당들이 이번 선거에 후보를 내었다.

일본인들은 이번 선거가 정말 '품격이 없는' 선거라고 입을 모은다. 선거와 정치인이라는 것에 어울리는 무엇인가가 부족하다는 평가이다. 그런데 여기서 일본인들은 무엇을 품격이라고 하는 것일까?

무사도에서 출발하여 품격의 파시즘으로

일본 사회에서 '품격'이라는 관념에 가장 큰 영향을 미친 것은 바로 사무라이들의 '무사도'라고 할 수 있을 것이다. 철학자 니토베 이나조新渡戸稲造가 『무사도』에서 "무사도는 일본인들의 마음에 자리 잡은 전통 정신"이라고 논하였고, 이 저서는 1900년대 영어로 번역되어 미국에도 소개되어 일본을 이해하기 위한 중요한 저서로 평가받는다.

흔히 우리가 일반적으로 무사도로 이해하고 있는 충성, 희생, 용기, 절제 등은 사무라이 계층의 행동 규범이자 윤리였으며 오랜 기간 일본 내에서 이어진 하나의 정신이다. 에도시대의 사무라이였던 야마모토 츠네토모山本常朝는 『하가쿠레葉隱』에서 "누구든지 살고 싶고, 살아있는 것을 좋아한다. 하지만 우리가 살아야 하는 가치무사도에 어긋나서 살아남는다면 그저 겁쟁이일 뿐이지만, 만약 어긋나서 죽는다면 그건 정신 나가 보일지 모르나 부끄러울 것은 없다. 이것이 무사의 근간이다"라고 말하였다. 사무라이들에게 있어서 무사도는 목숨으로 지켜야 하는 가치였다. 그리고 이 가치에 대한 필사적 사수가 바로 '품격'이었다. 무사도의 다양한 가치들이 종합적으로 구현된 것, 그것이 사무라이다움이며, 그것이 사무라이의 품격이다. 니토베도 역시 사무라이들의 품격은 "무사도의 인격적 완성"이라고 설명한다. 품격 있는 사무라이는 무사도를 잘 실현한 사무라이라 할 수 있다.

하지만 이러한 품격의 개념은 일본의 근대화, 제국주의적 확장과 결합하면서 변형이 일어나기 시작한다. 메이지유신 이후 계급으로서의 사무라이는 철폐되었지만, 그 정신은 국가와 국민을 통합하는 도구로서 변모하여 지배계급이었던 사무라이가 아닌 일반 국민 모두의 가치로 확장된다. 앞서 설명하였듯이 일본에서 무사도는 그것의 종합적 유지와 발현이 곧 품격과 연결된다. 이러한 품격의 구조를 그대로 전체 개념으로 확장시켜 새롭게 탄생되는 개념이 바로 '국가적 품격'이다.

산드라 윌슨Sandra Wilson이 엮은 『Nationalism in Japan』에서 메이지 유신 이후 '국가적 품격'은 민족주의적 프로젝트로 승화되었다고 표현하며, 일본은 이를 통하여 국제사회에서 자국의 위상을 강화함과 동시에 내부적으로도 통합의 수단으로 활용하였음을 보여준 바 있다. 메이지 유신 동안 일본은 서구의 과학기술을 적극적으로 도입하면서 부국강병을 물리적 수준에서 진행하는 한편, 전통직 가치와 문화적 자부심을 강조하며 이를 '국가적 품격'으로 위치 지었다. 기술적인 측면에서 일본은 후발주자였기에 서구사회와 동등하게 또는 우위에 설 수 있는 부분을 일본은 '품격'에서 찾으려 했다. 이 품격에 앞서 말한 무사도의 구조가 녹아들어 있었다. 무사도의 발현이 무사의 품격이듯이, 모든 국민이 구현하는 가치는 국가의 품격으로 등치 되었다. 일본은 국민에게 자국의 강대함을 끊임없이 주지시키며, 이러한 국가적 위상의 지속을 위하여 충성, 희생, 용기, 절제. 즉 무사도의 그것들을 요구하였다. 국가적 품격의 근간을 무너뜨리지 않는 조화개인이 아닌 모두와 통일성도 품격을 위한 중요한 부분이 되었다. 자연스럽게 국가적 품격은 모두의 집단무의식 속에 자기통제의 기제로서 녹아들어 갔다.

1905년 일본의 러일전쟁 승리는 자국의 국가적 품격이 더 우월하다는 자신감을 가져다주고 제2차 세계대전에 돌입하며 군국주의와 결합한다. 그리고 이 시기 국가적 품격은 점점 극단적인 행위로 발현되기 시작한다. 무사도의 가치들은 요구되던 것에서 강요되는 것으로 바뀌어 간다. 무사도는 실천적 규범이었기에 자신의 품격을 국가적 품격의 일부로 체현하는 것은 당연한 귀결이었다. 자살 공격으로 인한 희생은 국가의 품격을 위해 감수해야 하는 도덕적 의무로 간주되었다. 앞서 소개하였던 『하가쿠레葉隱』에서 '죽음'은 맥락이 삭제된 채 발췌되어 국가적 품격을 체현하는 형식으로 추앙받게 된다. 전쟁 속에 사그라진 영혼들은 국가적 품격을 지킨 거룩한 희생으로 윤색되었다.

일본에서 『빨강머리 앤』, 『왕자와 거지』 등을 처음 번역하여 소개한 아동문학가 무라오카 하나코村岡花子는 1938년 1월 1일 자 부녀신문에 실린 <사변하에 있어서 아이들을 이끄는 방식>이라는 좌담회에서 "전쟁은 국가의 뜻이고 개인적 심리적 관점은 멸각滅却 하여야 한다"라고 말하며, 어린이 라디오 방송에서 아이들에게 전투 의식을 고양시키는 방송을 수차례에 걸쳐 진행한다. 이 시기 일본은 남녀노소 전 국민을 국가적 품격을 위한 원소로 보고 있었다. 일본은 국가적 품격을 지키기 위해서는 전쟁에서 승리하는 것이 필수적이라고 국민을 설득하였고, 개인의 품격은 국가적 품격의 하위로서 존재할 뿐이며 또한 그에 합당하여야만 하였다. 국가적 품격은 사회적 규범과 권위주의적 통제를 강화하는 수단으로써, 파시즘의 결정체로 왜곡되었다.

현대사회에도 이어지는 품격

패전 이후 극단적 파시즘이 꺾이긴 했지만, 파시즘적 여운으로서의 품격은 현대사회에서도 계속 이어지고 있다. 군국주의와 결합하였던 국가적 품격이 경제발전상에서 자본주의적 가치와 그 자리를 바꿨을 뿐. '경제 대국 일본'에 어울리는 새로운 일본의 국가적 품격이 요구되기 시작하였다. 근면하고 성실하고 절약하고 불만 없이 복종하는 사회적으로 건전한 노동자로서의 가치는 새로운 무사도로 이어졌다. 그리고 무엇보다 중요한 것은 '품격'의 억압적이고 통제적인 성격은 변하지 않았다는 점이다. 개인이 가지는 품격의 정도의 총체가 일본이라는 국가적 품격이 된다는 구조에는 변함이 없었다.

일본에서 재해가 발생하여 단수가 발생하였을 때 줄을 서서 차분히 차례를 기다리는 일본인들의 사진을 우리는 여러 번 본 적이 있다. 이러한 행동은 '품격 있는 행위'로서 자주 미화되곤 한다. 하지만 그 이면을 들여다보면 정부와 사회가 충분한 지원을 하지 못하는 현실이 은폐되어 있다. 후쿠시마 원전 사고 이후에도 일본 정부는 국민들에게 침착함과 함께 '품격'을 유지할 것을 촉구한 바 있다. 절박한 삶 속에서 품격은 더욱 삶을 옥죄곤 한다. 2024년 파리 올림픽에서 유도선수 아베 우타阿部詩가 우즈베키스탄 선수에게 패한 후 무너지듯이 오열하는 모습에 SNS에는 일본 유도의 품격을 떨어뜨리는 행위라는 비난이 넘쳐났다. 요리를 잘하고 순종적이고 겸손한 것이 여성의 품격이고, 일본적 전통적 동일성을 잘 체화하지 못하는 외국인은 품격이 떨어진다고 말하기도 한다.

이러한 품격은 지금도 지속적인 교육을 통하여 계속해서 재생산되고 있다. 일본의 교육학자 야마구치 미치코山口道子는 "일본의 교육 시스템은 학생들에게 품격을 강요하며, 이로 인해 창의성과 개인의 개성이 억압될 수 있다"라고 비판한 바 있다. 그리고 다양한 가치들이 공존하게 되는 오늘날 이러한 품격은 더욱 일상의 충돌을 만들어낸다. 전쟁기의 품격이 파시즘적 목표속에 품격의 가치를 공유한 집단들이 스스로를 던져 넣는 양상이었다면, 지금은 상대적인 품격들의 집단이 서로서로 부딪치는 양상이 되었다.

다시 움트는 또 다른 품격의 파시즘

다시 한번 도쿄도지사 선거 이야기로 돌아와 보자. 품격이 없다고 입을 모으는 세간의 의견들은 과연 무엇을 기준으로 하고 있을까? 일본인들에게 있어서 품격은 어떠한 맥락에서 사고되고 있을까? 품격은 어떤 측면에서 양날의 검과 같다. 품격이라는 갑옷은 스스로를 건실하고 단단하게, 그리고 굳건하고 멋스럽게 보이게 만들 수 있지만마치 사무라이의 갑옷처럼, 그 무게가 나를 짓누르고, 더 나아가 그 무게를 벗어던지는 것을 두려워하여 갑옷에 자신을 맞추어 버리기도 한다. 에리히 프롬이 자유로부터의 도피라고 지적하였듯이 품격은 그저 도피처로서의 갑옷 속 웅크림에 불과할지 모른다. 품격이 사회적으로 숭고함과 도덕적 당위성을 획득할수록 더욱 그러하다.

빌헬름 라이히는 그의 저서 『파시즘의 대중심리』에서 파시즘이 개인의 심리적 억압에서 비롯된다고 논한 바 있다. 라이히에 따르면 파시즘은 개인이 자신의 억압된 심리적 울혈을 집단적인 형태로 발산하는 과정에서 발생하는 것이다. 이러한 주장을 곱씹으며 생각해보면, 특히 이번 도지사 선거에서 다모가미 후보그 외의 후보들도의 다소 과격해 보이는 주장과 공략들, 품격 없다고 평가되는 언동들은 생각할 거리를 던져준다. 다모가미 후보는 26만의 득표와 함께 일정한 지지를 얻었다. 다모가미 후보가 도쿄 내에서 외국인들을 다 몰아내겠다고 했을 때, "쓰레기 버리는 곳도 제대로 모르는 외국인은 내보내도 된다"라는 일본 청년의 인터뷰가 NHK를 통해 방송되었다. 품격 없는 후보를 지지하는 이들이 다른 비주류 집단에 대하여 품격이 없다고 비난하고 있었다. 오히려 품격 없는 행동은 자신들의 지지층들에게 자신이 주류의 법칙을 거부하는 새로운 대안임을 어필하는 전략이 되기도 한다. 품격을 강조, 그리고 강요하는 일상 속에서, 품격에 억압되어 있는 이들에게 품격을 재구성할 수 있다 소리치는 것은 분명 카타르시스를 불러일으킨다.

이런 점에서 품격은 각자에게 상대적인 기준 위에 존재하고,

시대의 맥락 속에서 조금씩 달라질 수 있다. 그렇기에 어쩌면 현재는 다양한 품격이 자신들만의 파시즘을 탄생시키고 있는지도 모르겠다. 문제는 이 각자의 품격과 각자의 파시즘이 특정 시대의 동시성 위에 발현되어 집합성을 가지게 될 때일 것이다. 서로 다른 욕구들의 반영이 서로 다른 파시즘을 낳더라도, 결국은 구별과 배제라는 그 형식만이 자꾸 부각되며 결국 어떤 것의 과제 해결이 구별과 배제로서만 달성되어야 한다고 믿어질 때. 그렇게 파시즘이라는 대집합으로 모여들었을 때. 그 사회는 무분별한 파시즘적 공격과 분노로 충만하게 된다.

2024년 10월 4일. 일본에 주민표를 둔 중국인 부부가 중국에 일시적으로 돌아가 아이를 낳자 일본에 주소지가 있으니 일본 지자체가 출산 지원금을 지급한 것을 두고 일본에서는 '#일본의 세금으로 외국인을 먹여 살리지 마라!'는 해시태그가 급속히 퍼져나가며 인터넷 트렌드 1위를 차지하였다. 이 글을 쓰고 있는 현재도 일본 내에서는 해당 해시태그는 계속해서 확산 중이며, 동시에 한국인은 물론 아시아인들 서양인들까지 모두에게 일본적 품격이 없는 저들을 다 내보내라는 말들이 심심치 않게 인터뷰나 SNS 등에 등장하고 있다. 품격은 갖춰야만 하는 것으로 여겨진다. 그건 분명 어느 시대에나 타당하다. 중요한 건 그 품격의 타당성은 시대에 소구 된다는 점이다. 시대의 욕망이 형태로 드러난 것이 품격이리라.

일본 오차노미즈여자대학ぉ茶の水女子大 교수를 지낸 후지와라 마사히코藤原正彦는 2005년 『국가의 품격』이라는 저서를 발표하였다. 이 책은 일본 내에서 당시 선풍적인 인기를 끌면서 1년 만에 265만 부가 팔리며 밀리언셀러에 등극하고 연간 베스트셀러 종합 1위에 오르게 된다. 2년 뒤에는 일영 대역본으로까지 발표되고, 한국에도 2006년 번역된다. 후지와라는 이 책에서 서양의 논리 지상주의를 비판하면서 일본의 전통과 정서를 되찾아야 하며 그것이 일본의 품격이라고 주장한다. 아니 정확히 그것이 일본이라는 '국가의 품격'이라고 주장한다. 그러면서 "무사도의 정신"을 되찾아야 한다고 말한다. 그에게 있어서 일본은 "세계 유일의 정서와 형태의 문명"을 가진 국가이며, "이 세계를 본격적으로 구하는 민족은 일본 민족밖에 없다고 나는 생각한다"라며 단언하고 있다. 현재도 이 책은 꾸준히 팔리며 필독서로서 언급되고 있다. 일본의 아마존 등에서의 판매 순위도 최근 다시 슬금슬금 상승하고 있다. 앞서도 말하였듯이 품격은 시대의 욕망에 소구된다. 오늘날 일본에 있어서 소구되고 있는 품격은 무엇일까? 그저 바라는 점은 다양하게 드러난 품격들이 서로를 지적하고 또 강요하거나 설득하는 투쟁의 과정에서 조금이나마 현재로서는 알 수 없지만 조금 더 건전한 품격이 승리하기를 바랄 뿐이다.

저자가 일본의 오늘날의 품격에 대해 여러 단상을 정리해보다가 비단 일본만의 이야기가 아닌 한국의 다양한 상황들도 마치 먹지를 대고 따라 그린 그림 마냥 겹쳐 보이는 느낌을 받았다. 어쩌면 이번 글은 일본을 통해 보는 우리 이야기일지도 모르겠다 사실 지금까지의 아크의 원고들은 늘 일본을 통해 우리 자신을 비춰보는 것이 목적이긴 하였지만 이번은 유독 그런 느낌이 강하게 든다.

그저 바라는 점은 다양하게 드러난
품격들이 서로를 지적하고
또 강요하거나 설득하는
투쟁의 과정에서
조금이나마 현재로서는 알 수 없지만
조금 더 건전한 품격이
승리하기를 바랄 뿐이다.

오진혁

한국외국어대학교 터키어과를 졸업하고, 튀르키예 국립 하제테페대학교에서 인류학과 석사 학위를 받았다. 번역한 저서로는 『마지막 섬』『어부와 아들』『세레나데』『호랑이 등에서』『네페스 네페세』 등이 있다. 『네페스 네페세』는 2024년 튀르키예 문화관광부 번역지원사업 도서로 선정되었다.

제국이 지켜온 가치와 품격
(관용과 포용, 조화와 공존)

2010년 5월, 인도주의적 지원 물자를 가자지구에 전달하기 위해 이동 중이던 튀르키예 민간단체 소속의 '마비 마르마라 호' 가 이스라엘 해군 소속 특수부대에 의해 해상에서 무력 진압당하는 사건이 발생했다. 이스라엘은 인도주의적 지원 물자로 가장해 하마스에 무기를 전달하려 한 것이라고 주장했지만, 이를 증명하지는 못했다. 무력 진압 과정에서 튀르키예 구호단체 소속 민간인 아홉 명이 이스라엘군 총격으로 사망하고 많은 부상자가 발생했다. 레젭 타입 에르도안 튀르키예 총리이후 대통령 취임는 이를 '국제 해적 행위'로 규정하고 이스라엘과의 군사협력 중단과 함께 즉각 튀르키예 주재 이스라엘 대사를 추방하고 이스라엘 주재 자국 대사를 소환했다. 이후 양국 외교 관계는 사실상 단절되었다. 국제사회는 이스라엘에 조처해 줄 것을 촉구하는 한편 배상과 공식 사과를 요구했다. 튀르키예에서 연일 이어진 시위에서는 국교단절과 보복을 요구하는 목소리가 높았다.

국제형사재판소ICC는 예비조사에서 이 사건을 '전쟁범죄로 간주할 만한 중대 사건'으로 규정했다. 유엔 인권이사회는 '심각한 국제법 위반'이라는 보고서를 발표했다. 결국, 이스라엘은 2016년 2천만 달러의 배상금을 지급하기로 합의하고, 사건에 대해 사과함으로써 사건은 일단락되었다. 하지만, 터키인들의 분노는 사그라지지 않았다. 중동 지역 내 이스라엘의 유일한 우방 국가였던 튀르키예는 이 사건을 기점으로 대이스라엘 정책을 재고하기 시작했다. 유대인에 대한 튀르키예 국민의 적대감도 최고조에 달했다. 터키인들이 느끼는 배신감은 유대인들이 상상하는 것보다 훨씬 컸다. 그들에게 유대인들은 '배은망덕한 민족'이었다.

터키인들은 과거 15세기와 20세기에 벌어졌던 유대인에 대한 박해와 대학살에서 두 차례나 구원의 손길을 내밀었고, 수많은 목숨을 구했다. 유대인들의 탈출과 피신을 도운 데서 그치지 않았다. 새로운 삶의 터전을 제공하고 경제활동에 참여할 기회까지 제공했다. 종교와 언어, 문화를 간직한 채 터키인들과 어울려 함께 살 수 있도록 배려했다. 무슬림인 무어족이 지배하던 이

베리아반도에서도 상황은 비슷했다. 기독교인과 유대인, 무슬림은 우호적인 관계를 유지하며 콘비벤시아convivencia, 공존 시대를 누렸다. 이에 반해 12세기부터 서유럽 많은 나라에서는 유대인을 추방했다. 15세기에 접어들면서 무어족들에 의해 이베리아반도의 북쪽으로 밀려났던 기독교 왕국들은 리콩케스타Reconquista, 재정복라는 이름의 국토회복운동과 함께 무어족을 몰아내고 이베리아반도에 스페인 왕국을 건설했다. 스페인 왕국의 공동 국왕이었던 이사벨과 페르난도는 비기독교인들에 대한 개종 강요에 이어, '알람브라 칙령'을 통해 '나쁜 기독교인'이라고 이름 붙인 유대인들을 추방했다. 재산을 몰수당하고 강제로 추방된 유대인들의 다수는 포르투갈로 이주했지만, 얼마 지나지 않아 그곳에서도 추방되었다. 700만 스페인 왕국 인구의 6.5%에 이르렀던 45만여 명의 유대인은 유럽 곳곳으로 흩어졌고 많은 수가 자신을 받아주겠다고 선언한 오스만제국으로 향했다. 오스만제국으로 이주한 유대인의 수는 전체 추방자의 3분의 1에 달하는 15만 명 이상일 것으로 추정된다.

"위대하고 자비로우신 알라를 믿는 오스만제국은 우리를 진심으로 맞아주었고, 우리가 살 수 있는 마을을 별도로 마련해 주었다. 우리는 종교적 의무를 이행하고 언어를 사용하는 데 있어 자유로웠다. 그뿐만 아니라, 우리를 쫓아낸 자들에 맞서 우리를 보호해 주기까지 했다. 우리는 명예와 존엄을 되찾았다." 15세기

스페인에서 추방된 유대인 모리스 카라코가 남긴 글이다. 오스만제국이 받아들인 이 '세파르디 유대인'들은 이스탄불, 이즈미르와 같은 지금의 튀르키예 대도시 외에도 테살로니키그리스, 알레포와 다마스쿠스시리아, 카이로와 알렉산드리아이집트 등지에 정착했다. 이들은 오스만제국 내에서 무역과 상업, 금융업, 출판업을 발전시키는 데 크게 이바지했다. 당시 오스만제국의 황제였던 술판 바예지드 2세는 "페르난도는 현명한 왕이라고 알려졌지만, 진실은 유대인을 버림으로써 자기 나라를 가난하게 만들었고, 내 제국은 부유해졌다"라는 말을 남겼다.

1299년에서 1922년까지 623년 동안 오스만 가문이 권좌를 지켜온 오스만제국은 아시아, 유럽, 아프리카 대륙까지 넓은 영토를 빠른 속도로 장악해 나갔고, 제국의 지배하에 들어온 피정복민은 종교, 민족, 문화적으로 다양했다. 오스만제국은 피정복민을 대상으로 '이스티말렛'이라는 관용과 포용의 정책을 폈다. 피정복민의 생명과 재산의 보호, 종교와 언어의 자유, 전통문화와 관습 인정, 공평한 납세 등이 주요 내용이었다. 납세 정책을 살펴보면, 피정복민 중 경제활동이 가능한 비무슬림 성인 남성에게만 '지즈예'라는 인두세와 '하라즈'라는 토지세를 부과하였다. 하지만 병역 의무와 '제캇'이라는 종교기부금은 면제해 주었다. 이교도와 이민족에 대한 차별이 존재하지 않은 것은 아니나, 피정복민들이 수용할 수 있는 수준이었고, 오스만제국에 정복당하기 이전의 과도한 세금과 병역에 비하면 파격적이었다. 유럽 군주국가의 과도한 세금과 병역 의무에 시달리던 피정복민들은 오스만제국의 '이스티말렛' 정책을 저항 없이 받아들였다. 발칸반도의 보스니아 헤르체고비나, 알바니아, 코소보 등의 국가는 스스로 이슬람을 받아들이기까지 했다. 이교도와 이민족에 대한 '이스티말렛 제도'는 500년가량 제국이 더 존속할 수 있는 밑거름이 되었다.

피정복민이 개종을 받아들일 경우, 더 많은 기회가 주어졌다. 제국의 영토 확장과 장기전에 대비하기 위해서는 정예 직업군인을 양성해야 했다. '데브쉬르메 제도'가 바로 그 양성 제도이다. 오스만제국은 개종을 받아들인 정복지 기독교인 청소년들을 정예 군인 또는 행정가로 양성했다. 전쟁 포로 또는 고아들도 이 제도의 혜택을 받을 수 있었다. 이들은 교육을 거쳐 오스만제국의 최정예 부대이자 황제의 친위대인 예니체리와 궁전 수비를 맡은 보스탄즈에서 복무했다. 이들 중 뛰어난 인재들은 고위공무원 양성학교인 엔데룬 학교에서 교육을 받을 수 있었다. 엔데룬 학교를 졸업한 자들은 오스만제국의 고위 관리 또는 지방 총독으로 임명되었다. 이 '데브쉬르메 제도'를 통해 양성된 인재들이 군 요직과 고위 관리의 3/4을 차지한 적도 있었다. 출신 성분이나 가문이 아니라 자질과 능력만으로 피정복민이 제국의 최고 요직에 오를 수 있는 제도였다.

이런 제도와 정책이 나올 수 있었던 데에는 이슬람이라는 종교의 영향이 컸다. "종교에는 강요가 없다."2장 256절, "오, 인간들이여! 알라는 남자와 여자로 너희를 창조하시어, 다양한 민족과 종족으로 나누셨으니, 서로서로 알게 함이니라. 분명한 것은 알라의 눈으로 보기에 가장 고귀한 사람은 가장 의로운 사람이니라."49장 13절, "당신에게는 당신의 종교가, 나에게는 나의 종교가…"109장 6절 등과 같은 꾸란 구절을 보면 이교도와 이민족에 대한 이슬람의 시각이 잘 나타나 있다. 무슬림에게 꾸란은 법률서이자, 생활지침서라는 점을 고려하면 차별 금지를 명문화한 것이나 마찬가지로 봐야 한다. 종교와 민족을 차별하지 않고, 선교나 개종 강요가 없다는 점에서 오스만제국의 피정복민 정책과도 상통한다.

'한 손에는 칼, 한 손에는 꾸란'이라는 중세 신학자의 말을 인용해 이슬람과 무슬림을 폭력적, 배타적으로 표현하고, 테러와 연결 지어 악마화한 건 그리 오래되지 않았다. 2차 세계대전 이후 유대인들이 팔레스타인에 정착하면서 시작된 중동전쟁, 구소련의 아프가니스탄 침공, 1차 이라크 전쟁과 테러와의 전쟁, 2차 이라크 전쟁, 미국의 아프가니스탄 침공, IS와의 전쟁 등 이스라엘, 구소련, 미국을 비롯한 서방세계와의 충돌을 거치면서 이슬람과 무슬림은 세상의 적이 되었다. 서구 세계가 만들어낸 이미지에서 나온 편견과 선입견이다. 하지만 이슬람은 타 종교에 관용적이고 비무슬림을 포용하는 종교다.

제국의 시대가 막을 내리고 공화국이 수립되면서 튀르키예는 큰 변화를 맞이했다. 다민족, 다문화, 다종교 제국에서 튀르크족이 중심이 된 민족국가가 건설되었다. 국명도 튀르크인의 나라라는 의미의 '튀르키예'가 되었다. 게다가 튀르키예 국민의 98%는 이슬람교도였다. 하지만 오스만제국의 관용과 포용, 조화와 공존의 전통은 이어졌다.

15세기 이후, 주춤하던 유대인에 대한 차별과 탄압은 나치의 등장과 2차 세계대전의 발발로 극에 달했다. 이 시기에 나치가 저지른 유대인 대학살을 유럽 국가들은 동조, 방임했고 그 결과 6백만 명의 유대인이 학살당했다. 튀르키예는 2차 세계대전 기간 중립국 지위를 이용해 많은 유대인의 목숨을 구했다. 프랑스를 비롯한 유럽 여러 국가에 주재하던 외교관들은 튀르키예 국적을 상실한 유대계 터키인들에게 여권을 발급했다. 튀르키예 국적이 아닌 유대인에게도 여권을 발급해 독일군 점령 지역에서 탈출할 수 있도록 돕기도 했다. 1939년~1942년 사이 튀르키예 영해와 영토를 거쳐 팔레스타인으로 이동한 유대인은 1만 2천여 명에 달한다. 독일의 압력에도 불구하고 튀르키예가 이들에게 경유 비자를 발급했기에 가능했다.

2차 세계대전 발발 직전, 나치의 등장과 함께 유대인들에 대한 탄압이 노골화되자, 아인슈타인은 마흔 명의 유대인 지식인들의 망명을 튀르키예가 받아줄 것을 직접 제안하기도 했다. 당시 튀르키예 초대 대통령이었던 무스타파 케말 아타튀르크는 친 독일 성향이 우세했던 의회의 반대에도 불구하고 이들의 망명을 받아들였다. 이후에도 많은 유대계 지식인이 튀르키예의 도움으로 학살을 피할 수 있었고 튀르키예의 근대화에 크게 기여했다. 2차 세계대전 전후 튀르키예 정부와 외교관들의 노력으로 구출된 유대인 수는 1만 명~1만5천 명에 달한다. 이런 역사적 사실들은 『네페스 네페세』, 『호랑이 등에서』, 『세레나데』와 같은 튀르키예 문학작품에서 더 생생하게 다루고 있다.

다시 처음으로 돌아가면, 이스라엘이 '마비 마르마라 호' 사건에 대해 사과와 배상을 하면서 2016년 튀르키예-이스라엘 관계는 표면적으로 정상을 되찾았다. 하지만, 지난해 10월 하마스의 기습으로 시작된 이스라엘-하마스 전쟁 이후 양국 관계는 다시 나빠졌다. 튀르키예 에르도안 대통령은 하마스를 테러 조직이 아닌 해방 단체로 규정하면서 가자지구에 대한 이스라엘의 군사 작전을 강하게 비난했다. 튀르키예에서 생산한 모든 상품의 이스라엘 수출을 금지하겠다고 으름장을 놓았고, 이스라엘은 튀르키예와의 자유무역협정을 폐기하고 튀르키예산 제품에 100%의 관세를 부과하겠다고 응수했다. 튀르키예 언론은 '까마귀를 키웠더니 눈을 파먹는다'라는 튀르키예 속담을 인용했다.

터키인의 눈에 유대인은 여전히 '배은망덕한 민족'이었다.

오스만제국이 역사상 가장 강성하고 오랜 기간 존속할 수 있었던 건 관용과 포용, 조화와 공존에 높은 가치를 두었기 때문이다. 이교도에 대해 관대한 이슬람이라는 종교의 영향도 컸지만, 제국의 통치 문화가 큰 역할을 했다. 제국의 건설과 성장은 강력한 군사력으로 가능하지만, 군사력으로만 제국을 유지할 수는 없다. 오스만제국이라는 대제국을 건설하고 600년 이상 유지할 수 있었던 데에는 피정복민에 대한 관용과 포용, 조화와 공존이라는 제국이 지켜온 가치와 품격이 있었기에 가능했다.

1947년 유엔에서 팔레스타인 지역을 이스라엘 55%, 팔레스타인 45%로 나누는 결의안이 통과된 이후, 이스라엘은 여러 차례 전쟁을 통해 팔레스타인 영토를 빼앗았다. 그리고 유대인 정착촌을 계속 늘려, 현재 이스라엘은 팔레스타인 지역의 86%를 차지하고 있다. 이 지역에서 공존과 조화라는 가치는 사라졌다. 이스라엘이 팔레스타인 지역의 무슬림 원주민을 포용하고, 그들과 함께 조화를 이루며 공존할 방안을 마련했더라면, 최근 1년간 가자지구에 대한 무차별적인 공격으로 사망한 4만여 명은 헛된 죽음을 맞이하지 않았어도 되지 않았을까? 유럽 기독교인들에게서 당했던 탄압과 학살을 팔레스타인 무슬림에게 돌려주는 어처구니없는 짓을 멈추지 않는 한, 이스라엘이 부강한 국가로 역사에 기록되기는 어려워 보인다.

스페인 왕국에서 추방된 유대인들과 이들을 맞이하는 오스만제국의 술탄(저작권 확인 불가)
http://www.olaganustukanitlar.com/150-bin-yahudiyi-kurtaran-osmanli-padisahi-ii-beyazid/)

제국의 건설과 성장은
강력한 군사력으로 가능하지만,
군사력으로만 제국을 유지할 수는 없다.
오스만제국이라는 대제국을 건설하고
600년 이상 유지할 수
있었던 데에는 피정복민에 대한
관용과 포용, 조화와 공존이라는
제국이 지켜온 가치와 품격이
있었기에 가능했다.

차윤석
욕망의 품격

강동진
품격 있는 도시,
그것은 본질을 지킬 때 잡을 수 있는 것

심상교
한국 전통미학의 품격

김종기
품격과 아우라에 대하여

박형준
고고함이 아니라 비루함에서

차윤석

부산대학교 도시공학과를 졸업하고 도시디자인을 공부하기 위해 베를린공과대학 건축학과로 유학해 학부와 석사 과정을 마쳤고 이후 여러 건축사무소에서 실무 경험을 쌓았다. 단독주택부터 대형 쇼핑몰까지 여러 스케일의 건축 작업과 아부다비 메트로 프로젝트, 카타르 루자일 경전철 프로젝트 등의 도시 스케일 작업에 참여했고 독일 건축사를 취득하였으며 귀국 후 동아대학교 건축학과 교수로 재직 중이다.

욕망의 품격

싫긴 하지만, 잠시 불편한 이야기

가끔씩 뉴스에서 불편한 이야기들을 접할 때가 있다. 그다지 바람직하지도 않으며, 개인적으로도 별로 좋아하지 않는 이야기들이다. 그냥 들었을 때, 불편하다는 말이다. 이 불편한 이야기 중하나가 바로 잊을만하면 나오는 아파트 놀이터 사용에 관한 이야기이다. 아파트 놀이터를 다른 곳에 사는 어린이들이 사용하지 못하게 하여 갈등이 생겼다는 이야기가 심심찮게 들리곤 한다. 일각에서는 놀이터는 주민들이 낸 관리비로 운영되고 관리되는 것이니, 소유권을 옹호하는 입장에서 외부인들의 출입을 통제하는 것은 당연하다고 주장한다. 크게 틀린 말도 아니다 싶다. 좀 더 극단적으로 이러한 행위가 주거침입에 해당한다는 주장도 있다. 때문에 요즘 생기는 아파트 단지들은 주변으로 울타리를 둘러치고 게이트를 만들어서 비밀번호를 입력하고 출입하는 경우도 있긴 하다. 물론 배달기사님들은 대부분의 아파트마다 비밀번호를 알고 있기 때문에 큰 효과가 없긴 하지만. 이 이야기는 요즘 자주 회자되는 **'닫힌 사회**closed community**'**에 대한 이야기이다. 실제로 내가 열심히 돈 벌어서 비싸게 아파트를 샀고, 관리 또한 내가 내는 돈으로 하니, 민법의 3대 원칙 중 하나인 '소유권 절대의 원칙'에 따르면 외부인의 출입을 통제하는 것이 당연한 것처럼 보인다. 그럼에도 불구하고 이러한 갈등을 볼때마다, **"정말 세상 각박해졌다"**, 그리고 **"참! 품격 떨어진다"**라는 생각이 드는 것은 왜일까? 아마도 사람 사는 세상이 단지 법이나 원칙만으로 이루지지 않았다는 사실을 잘 알고 있기 때문일 것이다.

대부분의 문제가 그렇지만, 이런 문제를 제대로 해결하기 위해서는 하나의 기준과 접근 방법만으로는 부족하다. 우리가 해결의 전제로 소유권과 사유재산을 전제한다면, 이론적으로는 우리 사회의 곳곳이 내는 세금의 비율에 따라 접근할 수 있는 권한이 달라져야 하기 때문이다. 세금을 더 많이 내는 사람이 공공장소에 접근할 수 있는 권한과 덜 내는 사람이 접근할 수 있는 권한이 달라진다는 것은 디스토피아 소설이나 영화에 나올 법한 이야기가 아닌가? 비싼 차를 몰고, 세금을 더 많이 내는 사람이 도로를 더 많이, 더 오래 사용할 수 있다는 것은 상상만으로도 불편한 것은 사실이다. 그렇다고 법에서 보장하고 있는 '개인의 소유권'을 무시하고 모든 것을 '평등'이란 명목하에 일괄적으로 적용하는 것 또한 뭔가 무리가 있어 보인다. 어쨌거나 정확히 설명하기는 어려우나, 이 양자 중 어느 하나에만 초점을 맞추는 것이 바람직하지 못하다는 것을 우리는 직관적으로 알고 있다. 하지만 내가 돈이 엄청 많아서 세금을 많이 낸다면 입장이 달라질 수도 있다는 이중적이면서 씁쓸한 상상도 해보긴 한다.

이런 불편한 이야기들이 자꾸 회자되는 이유가 무엇일까? 일각에서는 "인간성의 상실이다", "현대 자본주의의 폐해다" 등을 답변으로 내어 놓기도 한다. 하지만, 한걸음 더 들어가서 그렇다면 "인간성 상실의 원인은 무엇인가?", "현대 자본주의의 폐해는 어떻게 생겨났는가?"를 묻는다면 대답하기가 그렇게 만만치 않다. 이 글에서 필자는 이 문제를 조금 다른 시선으로 해석해 보고자 한다. 그리고 이러한 맥락에서 우리의 도시가 어떤 문제를 가지고 있고, 이를 어떻게 해결할 수 있을까에 대한 지극히 주관적인 견해를 피력하고자 한다.

욕망의 체계화

사람은 많든 적든 욕망이 있기 마련이다. 욕망 자체가 아예 없는 사람이 있을까? 아마도 없을 것이다. 그래서 인류사에 가뭄에 콩 나듯 한 번씩 나타나는 이런 분들을 '성인군자'라고 부르는 것이 아니던가? 세상에 이런 분들만 있으면 얼마나 좋으련만, 현실은 그렇지 못하다. 그리고 성인군자도 먹어야 사는 법이고 입어야 사는 법이니, 이들 또한 완전히 욕망을 배제한 채 '무소유'를 실천하는 것은 불가능하긴 하다.

물론 욕망이라고 다 같은 욕망은 아니다. 어떤 사람은 음식만 보면 정신을 못 차리며, 어떤 사람은 옷과 장신구에 집착한다. 어떤 사람은 가리지 않고 모든 것을 욕망한다. 필자 개인의 견해이긴 하지만, 이런 개인적 욕망이나 욕구, 그리고 그것의 표현 자체가 큰 문제는 아니라고 생각한다. 다른 이들에게 피해 주지 않고 혼자서 자기가 좋아하는 것을 즐기는 자유조차 없다면 어디 각박해서 세상 살맛이 나겠나? 하지만 요즘 같은 세상에서는 나만 알고 있기 아깝고, 나만 가지고 있기 아깝다. 열심히 사진 찍어서 SNS에 올리고, **'좋아요'**도 받아야 한다. 이런 식으로 감추어져 있던 개인의 욕망은 빛의 속도로 퍼져 나가게 된다. 그리고 퍼져나간 욕망은 집단을 이루게 되며, 집단 내부적으로 나름의 체계를 갖추게 된다. 물론 일부의 이야기이긴 하나, 분명 현실이기도 하다.

　지금도 마찬가지지만 한때 중고등학생들 사이에서 유행하던, 소위 '등골 브레이커'라 불리던 특정 브랜드가 문제가 되었던 현상을 한 번 살펴보자. 왜 그들은 그 물건에 집착을 했을까? 그리고 왜 단지 물건에 집착한 것이 사회적 이슈가 되었을까? 단지 다른 옷들보다 질이 좋아서, 아니면 더 따뜻해서, 아니면 더 비싸서? 이 문제의 핵심은 부모들의 등골이 휜다거나, 어린 학생들이 과소비를 해서 사회에 물의를 일으키는 것이 아니다. 핵심은 바로 **'소유를 통한 계급'**의 창출과 불평등이다.

　욕망은 의지를 만들어내고, 의지는 무언가에 대한 소유로 이어지며, 소유는 계급 체계를 만들어 내며, 계급 체계는 불평등으로 이어진다.

　그들의 소유물이 그들의 사회적 계급에 대해 말해준다. 물론 필요에 의해 소유를 했을 가능성도 전혀 배제하지는 말자. 하지만 보통 정상적인 인간이라면 그 돈으로 다른 옷 열 벌을 구매하는 것이 더 합리적이라는 사실을 알고 있다. 게다가 우리는 어렸을 때부터 '인간은 겉모습이 아니라, 내면이 중요하다'고 교육

받지 않았던가? 아무리 교육이 무너졌다고 해도, 인간의 기본적 도덕성이 한순간에 어디로 사라지는 것은 아니지 않는가? 그리고 인간이 혼자서는 살 수 없다는 것은 주지의 사실이 아닌가? 이 모든 것에도 불구하고 왜 우리는 이런 소유를 통해 '계급'을 만들어 내는 걸까? 인간은 원래 남을 짓밟으며 살아가는 야생적 본성이 프로그래밍이 되어 태어난 것일까? 단순히 아무 생각 없이 무언가를 소유하면 좋다는 본능에 따른 '쾌락'인가? 욕망이란 원래 나쁘고 부정적인 것인가? 수많은 의문들이 머릿속을 스쳐가지만 뭔가 명확한 대답이 떠오르지는 않는다. 백번 양보해서 인간 세상은 원래 불공평하다는 전제를 받아들여도 쉽게 이해하기는 힘들다.

동족포식同族捕食

하지만 원래 인간 사회가 계급과 불평등을 동반한다는 것은 **사실**처럼 보인다. 필자가 이 주장을 옹호한다는 오해는 하지 말아주시길 바란다. 다만 필자는 지금까지 인류사에서 한 번도 계급과 불평등이 없었던 적이 없었다는 **사실**에 대해 이야기하고 있을 뿐이다. 다시 강조하지만 필자가 염세주의자처럼 "세상은 원래 불공평하니 그냥 받아들이자"라는 주장을 하는 것은 아니다.

문제를 해결하기 위해서는 현실을 직시해야 한다는 점을 강조하는 것으로 생각하시면 되겠다. 이러한 계급화와 불평등은 아주 이상한 방식으로 전 세계로 퍼져나가고 있다. 그리고 분명히 문제가 되고 있고, 앞으로도 문제를 일으킬 것이다. **"문제 삼지 않으면 문제가 되지 않는다"**라는 말도 안 되는 논리로 문제를 회피하는 것은 아무런 의미도 없다. 우리는 분명 문제를 가지고 있다는 사실을 알고 있어야 한다. 그래야 고치든, 뒤집어엎든 뭐라도 할 수 있는 명분이 생기는 것이다.

주제로 돌아가 오늘날 우리 도시들을 살펴보자. UN Economic and Social Affairs에 따르면 2008년 드디어 도시지역에 거주하는 인구가 인류 역사상 처음으로 비도시지역의 인구를 넘어섰다. 전망에 따르면 2050년에는 68%까지 늘어나서 97억 명이 도시에서 살아가게 될 것이라고 한다. 물론 여기서 인구가 증가하는 지역은 아프리카를 비롯한 저개발국가나 개발도상국이고, 현재 선진국 대열에 속한 국가들에서 인구는 지속적으로 줄어들 것이라 전망하고 있다. 어쨌거나 지난 세기 중반, 북미와 유럽 중심으로 형성되었던 현대의 도시지역은 지난 세기 후반에 들어 아시아, 남미, 아프리카 등 개발도상국 중심으로 확대되며 현재는 인류 역사에서 유례없는 속도로 도시화 과정이 진행되고 있다. 당연히 이런 속도를 물리적 계획이 따라잡기에는 무리가 있을 것이며, 그 결과로 도시 거주자 4명 당 1명에 해당하는 약 10억 명 정도는 빈민가나 판자촌 같은 비계획적 지역에 거주하고 있다고 한다. 세계적인 관점에서 개별 국가 간 불평등뿐 아니라, 지역적 관점에서 공간의 내적 불평등과 갈등도 발생하고 있는 것이다. 물론 이런 불평등은 소득이 낮은 지역과 개발도상국, 저개발국가에서 더 심각하게 나타나고 있다. 하지만 결코 선진국이라고 예외는 될 수 없다. 오히려 상대적 빈곤과 불평등의 경우, 선진국에서도 심각한 문제로 나타나고 있다.

도시화와 도시의 성장이 좋은 것이냐 나쁜 것이냐는 단순한 이분법적 잣대로 판단할 수 있는 문제는 아니다. 시골에 산다고 해서 도시에 사는 것보다 더 불행한 것도 아니며, 도시에 산다고 해서 더 행복한 것도 아니기 때문이다. 하지만 우리가 알고 있는 도시는 태생적 문제를 가지고 있다. 번듯한 도로가 깔리고, 높은 아파트가 들어선다고 해서 도시가 되는 것은 아니다. 도시가 된다고 해서 항상 양질의 일자리가 생기고, 좋은 주거환경, 교육환경이 보장되지는 않는다. 오히려 인구 집중으로 인한 주택문제, 공공 기반시설의 부족, 소득의 불균형 등 다양한 문제가 먼저 터져 나오기 마련이다. 세계의 도시학자들은 전 세계 모든 도시에서 지리적 환경, 구성원들의 소득수준, 자원 배분의 차이 등으로 인해 불평등이 존재해왔지만, 현대사회의 급속한 도시화와 폭발적인 도시인구 증가는 더 큰 불평등을 유발했다고 분석하고 있다. 물론 이들의 분석과 결론이 틀리지는 않았으나, 특별한 분석이나 결론은 아닌 것으로 보인다. 과거부터 있어왔던 문제였고, 아직도 제대로 해결하지 못한 문제이며, 앞으로도 발생할 수 있다는 것은 누구나 예상할 수 있지 않은가? **"굳이 이걸 이야기하려고 수십 년의 공부와 학위가 필요할 것 같진 않은데"**라는 씁쓸한 느낌을 지우기 어렵다. 냉정하게 이야기하자면, 이런 말은 도시학자가 아니라도 할 수 있다.

앞서 필자는 오늘날 우리가 알고 있는 도시는 태생적 문제를 가지고 있다고 했다. 여기서 태생적 문제란 쉽게 말해 제대로 준비가 되지 않은 상태에서 도시화가 이루어지고, 도시가 생성되었다는 정도로 받아들이면 될 것 같다. 제대로 준비되지 않았다는 말은 다양한 내용을 함축하고 있다. 흔히 도시계획 교과서에서 보는 도시의 구성요소, 즉 **시민**Citizen, **활동**Activity, **토지와 시설**Land and Facility만 갖추어졌다고 해서 도시가 이루어지는 것은 아니다. 엄밀히 말하면 도시의 모양새는 이루어질 수 있다. 하지만 인간의 모습을 갖추었다고 제대로 된 좋은 인간이 아닌 것처럼, 형태만 갖추어졌다고 해서 제대로 된 도시라고 하는 것은 말도 안 되는 소리다. 제대로 된 인간이 되기 위해서는 인간의 모습보다 더 중요한 것들이 있다는 것은 다들 알고 있는 사실 아닌가? 우리가 이야기하는 도시는 어디까지나 제대로 된 도시, **좋은 도시**이다.

제대로 준비되지 않은 상태에서 만들어진 도시는 과연 어떤 역할을 할 수 있을까? 필자의 견해로는 기존 대도시의 먹잇감 역할이다. 바로 **'동족포식'**의 먹잇감이다. 기괴한 이야기처럼 들리지만 실제로 그렇다. 물론 극단적인 상황에서 이런 '동족포식'이 불가피한 경우도 있을 수 있다는 점은 인정한다. 하지만 어디까지나 극단적인 경우이다.

도구화

앞서 언급한 사실을 증명하기 위해 굳이 멀리 갈 필요도 없다. 우리나라가 가장 흥미로운 사례 중 하나이기 때문이다. 대한민국의 도시화 비율은 전 세계적으로 높은 편이다. 통계청에 따르면 2023년 대한민국 도시지역 인구 비율은 용도지역 기준으로 92.1%, 행정구역 기준으로 91.3%이다. 열 명 중 아홉 명이 도시에 거주하고 있다. 이와 더불어, 도시 내부의 불평등, 도시 간 불평등도 증가하고 있다. 이러한 현상은 결과적으로 지방 소멸로 나타나게 된다. 서울과 수도권의 면적은 전체 국토 면적의

11.8%에 불과하지만, 2024년 기준 약 2,605만 명으로, 대한민국 인구의 절반 이상인 50.83%가 수도권에 살고 있다. 누가 보아도 이해하기 힘든 현상이다. 도대체 이러한 기형적인 현상이 어디서 유래되었을까? 필자의 답은 바로 60~70년대의 개발계획이다.

역사를 너무 오래 거슬러 올라가는 것은 큰 의미가 없을 것 같다. 어쨌거나 근대 이전부터 이미 경기도와 충청도는 우리나라 지배의 중심지로 자리 잡고 있었다는 것은 사실이다. 전근대 소규모 국가에서 수도를 중심으로 공간이 형성되고 하나의 중심지로 편중되는 것은 흔한 일이니 무리 없이 받아들일 수 있다. 하지만 이런 형식의 공간분포에는 적정 규모가 전제되어야 한다. 이렇게 유지되던 공간분포는 일제강점기를 거치면서 어느 정도의 분산 효과가 나타나기 시작했다. 하지만 이러한 분산이 당시 지배하고 있던 한반도를 발전시키려는 의도에 의한 결과가 아님은 누구나 알고 있는 일이다.

한국전쟁 이후 경제개발을 목표로 전체 국토가 재편되면서, 비극은 본격적으로 시작된다. 지방에 나름의 거점을 삼고 다양한 산업과 기반시설을 구축한 것까지는 좋았다. 문제는 이러한 기반시설과 산업의 지휘권을 서울에서 독점적으로 휘둘렀다는 것이다. 모든 정치와 경제를 서울에서 장악하고 있는 상태에서, 나머지 생산 시설은 지방으로 배치한다? 마치 가끔씩 뉴스에서 보는 악덕 프랜차이즈 기업의 갑질 문제를 연상시키지 않는가? 본사에서 모든 것을 장악하고, 가맹업자들은 시키는 대로만 하다가 줄어드는 이윤에 결국 사업을 접게 되는 구조와 유사하다. 물론 본사에서는 "계약을 그렇게 맺었다.", "아무것도 없이 창업하게 해준 것이 어디냐?"라며 반색할 것이다. 하지만 결국 손해 보는 것은 누구인가? 이들이 이렇게 할 수 있는 것은 결국 수요는 얼마든지 있으며, 아무리 부당하더라도 발등에 불이 떨어진 누군가는 다시 계약을 맺을 것이라는 믿음이 있기 때문이다. 악덕 프랜차이즈 본사가 자신의 가맹점을 잡아먹으면서 성장하듯이, 우리 또한 그렇게 **'동족포식'**을 통한 성장을 해 왔던 것이다. 지방은 죽어라 생산했고, 서울은 돈과 권력을 챙겼다.

당시 한창 유행하던 **'낙수효과'**나 **'성장거점이론'**같은 일반화하기 힘든 이론을 바탕으로, 무엇이 좋아지는지도 모르면서 밑에서는 열심히 삽질을 했던 것이다. 게다가 아직도 이런 이론들이 일부 정책에 사용되고 있다는 것이 믿기지 않을 따름이다. 일단 될 성싶은 놈을 키워주자. 그릇에 물이 차면 넘치기 마련이니, 언젠가는 모두 다 같이 나눠 마실 수 있을 것이다. 그러니 기다려라. 언젠가는 당신도 수혜자가 될 것이다. 이 정도면 이론이라기보다는 정치적 프로파간다가 아닌가 싶다. 물론 이런 이론들이 완전히 틀렸다는 것은 아니다. 직용의 시점과 장소, 상황에 따라서 모든 이론은 맞을 수도, 틀릴 수도 있기 때문이다. 중요한 것은 **언제, 어디에, 어떻게 적용**할 것인가이다. 언젠가 한번 언급했지만, 옆집 아저씨가 지나가다 가게에서 산 로또가 당첨되었다는 것은 그 아저씨가 그 시간에 그 장소에서 산 로또가 당첨된 것에 지나지 않는다. 아무리 내가 그 가게에서 있는 돈, 없는 돈 다 끌어와서 로또를 산다고 해서 당첨된다는 보장은 어디에도 없는 것이다. 물론 당시는 그렇게 밖에 할 수 없었다는 변명도 가능할 것이다. 하지만 냉정하게 따지고 보면 무지한 시절이었다. 그리고 그 무지의 결과는 소수의 **욕망**을 채우기 위한 '**국가와 도시의 도구화**'였다.

불협화음의 조화?

70년대 들어 본격적인 경제성장이 이루어지던 시절에는 앞서 언급한 문제점이 잘 보이지 않았을 것이다. 아니, 보였어도 발전이란 명목하에 그냥 덮고 넘어갔을 것이다. 실제로 불균형과 불평등에 대한 불만이 지방에서 터져 나와도 중앙정부에서 힘으로 찍어 누르던 시절이었다. 나라가 발전을 하겠다는데 이런 불손한 불만 따위에 귀를 기울일 필요는 없으니까 말이다. 이런 문제들이 본격화되기 시작한 것은 80년대 초반 대한민국의 인구가 4천만을 막 넘어가던 시절이었다. 잠시 필자의 어린 시절을 회상하자면, 당시 국민학교지금의 초등학교 대부분은 학급의 학생수는 최소 50~60명 이상이었다. 교실이 부족해 오전반, 오후반으로 나누어 수업을 진행했고, 옆 동네에 새로운 학교가 지어지면, 멀쩡히 학교를 잘 다니고 있던 친구가 갑자기 손을 흔들며 전학 가는 일은 다반사였다. 그러다 갑자기 행정구역이 개편되었다고 전학 갔던 친구가 며칠 만에 다시 돌아오는 웃지 못 할 촌극도 있었다. 아무리 동사무소에서 손으로 서류를 적던 시절이었다고 해도, 인구조사가 없었던 시절도 아니었다. 정책과 계획이 없었던 시절도 아니었다. 당시 국민학교 사회 교과서에도 우리가 가지고 있던 인구문제와 국토개발의 불평등에 대한 내용이 나왔으며, 이에 대한 해결책으로 - 물론 말도 안 되는 대안이었긴 하지만 - '일일생활권'같은 대안이 제시되었던 것도, 그리고 이 문제로 사회 시험을 쳤던 것도 기억하고 있다. 아마도 70년대 후반, 80년대 초반 국민학교를 다니셨던 분들은 희미하게나마 기억하실 수도 있을 것이다. 인구가 증가하고 기반시설이 부족하니 전체 국토는 곧 포화상태에 이를 것이고, 이러다 정말 나라가 망할 수도 있다는 불안감이 조성되기 시작하였다. 그리고 '관제언론'들은 이런 문제들을 앞장서서 보도하던 시절이었다. 하긴

70~80년대 당시야 모든 언론이 '관제 언론'이라고 해도 과언은 아니지만.

　당시 먹고살기 바빴다는 점은 누구나 인정한다. 아무것도 없던 폐허에서 시작했으니, 얼마나 많은 노력이 필요했는지는 상상조차하기 힘들다. 그리고 드디어 '한강의 기적'을 이루어냈다. 이 점에 대해서는 경의를 표해야 마땅하다. 하지만 당시 경제성장이 과연 우리만의 노력과 힘이었는지에 대해서는 냉정하게 평가해 볼 필요가 있다. 그리고 아무리 성장이 절박했다고 하더라도, 무엇이 제대로 성장하는 것인지에 대한 생각을 했어야만 했다. 아이가 잘 먹는다고 손에 잡히는 대로 먹이기만 한다면, '소아비만'에 걸릴 위험이 커질 것이며, 나이가 들면 '성인병'으로 이어질 것은 누구나 알고 있지 않은가? 물 들어올 때, 노를 젓는 것은 분명 중요하다. 하지만, 배가 얼마나 큰지, 뱃사공은 몇 명이나 있는지, 물이 얼마나 빨리 들어오는지를 생각하고 노를 저어야 한다. 성장과 더불어 발생할 수 있는 부작용에 대해서 당연히 신경을 쓰고, 미리 대비책을 준비했어야만 했다. 그때다 어떻게 알 수 있었겠냐고 반문하실 분도 있을 것이다. 다 지나가고 나니까 하는 말이 아니냐고 하시는 분도 분명 있을 것이다. 그때 제대로 준비할 여유도, 생각할 시간도 없었다고 하자. 하지만 이미 40년도 전에 심지어 국민학교 교과서에 나왔던 문제들이다. 강산이 네 번이나 바뀌는 동안 도대체 무엇을 하고 있었단 말인가? 당시 겨우 열 살 남짓한 애들도 문제가 있다고 배우는 내용을 당시의 전문가들과 계획가들은 전혀 문제 삼고 있지 않았단 말인가? 무슨 장을 담그는 것도 아닌데, 그런 문제를 30~40년이나 묵혀놓았던 이유는 과연 무엇이었단 말인가? 도대체 계획과 정책은 왜 필요했었단 말인가? 인구폭발로 나라가 망한다는 말이 불과 30년 후, 인구 소멸과 지방 소멸로 돌아올 것을 아예 예측조차 못했단 말인가? **몰랐다면 무지했던 것이며, 알고도 모른척했다면 이는 범죄라고 해도 과언은 아니다.** 게다가 우리는 오늘날 이런 문제들에 대해 어떤 해답을 내어 놓고 있는가?

이 모든 문제의 원인은 '**무지와 어설픈 정책, 과도했던 소수의 욕망, 그리고 그 욕망을 어설프게 따라 하려던 우매한 다수의 책임**' 이었다고 하면 너무 가혹한 비판일까? 잠시 부풀어 올랐던 거품만을 보면서, 도대체 무슨 근거로 우리는 더 좋았질 것이라고 마냥 믿고만 있었던 것일까? 아마도 당시에는 무지와 욕망이라는 불협화음이 절묘하게 어우러져 희한하게도 잠시 듣기 좋은 소리를 만들어 내었던 것은 아니었을까?

욕망도 품격이 있어야 한다

인간 개인이든, 사회집단이든 욕망은 모두 가지고 있다. 마찬가지로 인간의 집합체이자 인간 세상의 축소판인 도시에도 욕망이 있다. 그리고 사람 사는 세상에는, 그리고 도시에는 욕망이 필요하다. 물론 이기적 욕망도 있을 것이며, 이타적 욕망도 있을 것이다. 하지만 **이타적 욕망**이 **긍정적 의지**를 만들어 낼 수만 있다면, 굳이 싸잡아 욕망 자체를 배제할 필요는 없지 않은가?

  일반적으로 개인의 욕망이나 특정 집단의 욕망이 다른 개인이나 집단의 그것과 상충하며 문제를 일으킨다는 것은 누구나 알고 있는 사실이다. 그리고 이를 해결하기 위해 '**절제**'와 '**소통**', '**합의**'가 필요하다는 것은 상식이다. 사람이 혼자서 살아갈 수 없다는 것도 굳이 이야기할 필요 없는 상식이며, 공동체를 이루어야 한다는 것도 상식이다. 그리고 이런 상식을 지켜나가는 것이 바로 **좋은 도시**가 가져야 할 '**품격**'이다.

  물론 필자가 언급한 상식이 인간의 삶과 좋은 도시에 대한 절대적 기준이 될 수는 없다. 또한 상식이 보장된다고 해서, 사람 사는 세상이 좋아진다는 보장도 없다. 이는 아마도 유토피아적 발상에서나 가능한 것이고 현실 세계에선 존재할 수 없을 것이다. 그리고 우리는 아직 한 번도 그런 세상을 경험한 적이 없으며, 앞으로도 없을 것이다. 왜냐하면 우리는 근원적이고 본질적인 문제 즉, 무심코 튀어나오는 이기적 욕망을 소유한 인간이라는 태생적 한계를 극복할 수 없기 때문이다. 하지만 그렇기 때문에 반성과 규범이 필요한 것이 아니겠는가?

지금이라도 늦지 않았다는 희망고문을 하고 싶지는 않다. 어쩌면 늦었다고 생각할 때는 이미 돌이킬 수 없을 정도로 늦어버렸을 수도 있기 때문에. 그렇다고 아무것도 하지 말자는 비관적인 해답을 내어놓기도 싫다. 다만 무작정 앞만 보고 가서는 안 된다는 것은 분명히 말씀드릴 수 있다. 지금부터는 뒤를 돌아보면서, 앞으로 나아가야 한다. 물론 어떤 결과가 나올지는 아무도 예측할 수 없다. 결과를 미리 예측하거나 정해 놓고 앞으로 나간다는 것은 분명 논리적 모순이며, 현실적으로도 불가능한 일이다. 결과가 성공이라고 미리 정해놓고 나아가는 것, **모든 과정을 성공이라는 결과에 맞추면서 스스로 잘했다고 착각했던 시간들의 결과가 바로 우리가 현재 가지고 있는 문제**라는 점을 잊지 말았으면 한다. 그렇다면 우리는 성공적 결과에 대한 희망도 없이 힘든 과정만 반복하는 것이 아니냐는 걱정을 할 필요는 없다. 어느 시점이 되면 과정이 결과가 되고, 그 결과가 다시 과정이 되기 때문이다. 실패하고 싶은 사람이 어디 있겠냐마는, 때로는 실패도 하고 때로는 성공도 하는 법이다. 다 성공만 할 수도 없고, 다 실패만 할 수도 없다. 중요한 점은 어떻게 성공했는지, 어떻게 실패했는지를 아는 것이다. 조급해 하지 말고 어유를 가지는 것이 필요하다. 도시문제뿐 아니라, 세상의 어떤 문제도 명확한 원인과 원인에 따른 결과가 밝혀진 경우는 드물기 때문이다. 그리고 여유가 없이는 반성도 없으며, 반성이 없으면 목표도 없고, 목표가 없으면 과정도 없기 때문이다.

스스로 반성할 수 있으며, 규범과 상식을 지키는 것이 다름 아닌 품격이다.

품격 있는 사람을 논할 때, 단순히 그 사람이 가진 하나의 면을 평가하지 않듯이, **품격** 있는 도시를 논할 때 역시 단순히 몇 개의 기준으로만 평가하는 것은 힘든 일이다. 하지만 적어도 **품격** 있는 도시란 공동체의 이익을 위해서 개인이나 소수의 이기적 욕망이 절제되고 조절되는 도시라는 점은 분명히 말씀드릴 수 있다. 우리의 도시는 과연 그 욕망을 어디로 어떻게 분출하고 있는가? 그리고 과연 우리의 도시는 어디에 서 있는가 한번 곰곰이 생각해 볼 일이다.

강동진

역사환경 보전에 중심을 둔 도시설계를 배웠고, 현재 경성대학교 도시계획학과에 재직 중이다. 근대유산, 산업유산, 세계유산, 지역유산 등을 키워드로 하는 각종 보전방법론과 재생 방안을 연구하고 있다. 지난 20여 년 동안 영도다리, 산복도로, 캠프하야리아, 북항, 동천, 동해남부선폐선부지, 피란수도부산유산 등의 보전운동에 참여하였다. 현재 국가유산청 문화유산위원, 이코모스 한국위원회 부위원장 등으로 활동하고 있다.

품격 있는 도시,
그것은 본질을 지킬 때
잡을 수 있는 것

1. 들어가며

학문의 길을 열어주셨던 지도교수님께서 도시 강의를 하며 자주 했던 얘기다.[1] 교수님께서는 식물이 성장하려면 여러 영양소가 필요한데 모두 넉넉해도 어느 하나가 모자라면 시들거나 죽는다는 리비히의 최소양분율 법칙을 빗대어 도시를 설명했다. 또한 도베네크라는 학자가 이 법칙을 설명하며 사용했던 나무 널쪽들을 나란히 붙여 만든 최소양분통을 도시로 비유했다. 나무 널쪽들은 영양소를 나타내니, 도시에 있어 나무 널쪽들은 도

---

1 강의 내용들을 모아 글로 내셨다. 황기원, 2009, 『도시락 맛보기: 도시와 삶에 대한 100가지 메뉴』, 다빈치. 321~322쪽.

시가 갖추어야 할 조건들인 셈이다.

"나무 널쪽들이 다 성하면 물을 가득 담을 수 있다. 이런 물통 같은 도시는 모든 것을 다 갖춘 도시이고 없는 것이 없는 도시다. 쪽수가 많으면 많을수록, 쪽의 높이가 높으면 높을수록 물통이 크다. 이런 도시는 정말로 좋은 도시, 풍요와 충족의 유토피아이다. 그러나 이런 도시는 현실에서 대도시, 초대도시로 나타날 수밖에 없다. 하지만 어느 쪽이 부러져서 다른 쪽보다 짧으면 물이 새고, 남은 물의 높이는 짧은 쪽의 높이밖에 되지 않는다. 어느 한쪽이 아예 없다면 물이 다 새어 나가서 물을 담을 수가 없다. 이런 물통 같은 도시는 몇 가지 조건이 부족하거나 결핍된 도시이다."

"사람들이 부러지고 빠진 널쪽을 중시하면, 물통에서 물이 새고 조금밖에 남지 않는다고 아우성치게 된다. 다른 것을 잘 갖추고 있음에도 그 부러지고 빠진 쪽 때문에 불만이 많은 도시가 된다. 바쁜 세상이라 사람들은 부러지고 빠진 쪽을 의식하진 않지만, 그것이 정말 중요한 것이라면 그 도시는 무언가 결핍된 도시이다."

도시의 나무 널쪽들이 모두 튼튼하고 반듯하다면 모든 시민이 행복한 완벽한 도시가 된다. 사실 그런 도시는 있을 수 없다. 르네상스기와 산업혁명을 겪으며 등장했던 유토피안들도 그런 도시를 꿈꾸었지만, 그들의 이상에는 미치지 못했고 또 실패했다.

복잡다단한 현대 도시에서의 시민들은 한두 개의 널쪽들이 부러져 물이 새고 있는 사실을 모른 채 살아갈 때가 많다. 그것이 자신의 피부에 와닿거나 직접 관련된 것이라면 불만이 생기겠지만, 살아가는데 큰 지장을 주지 않거나 여러 이유로 깨진 물통의 상태를 인지하지 못하는 사람들은 아무런 불평 없이 살아간다. 시간이 흐르면 흐를수록 깨진 널쪽 때문에 영양소가 결핍되어 쇠약해질 수밖에 없는데도 우리는 그 사실을 몰인식한 채 당장의 것만 바라보고 살아갈 때가 많다.

문제는 깨진 널쪽에 빠져나가는 물이 집중되다 보면 그 널쪽의 상태는 점점 더 나빠지고 양옆의 널쪽마저도 물에 젖어 썩기 시작한다는 것이다. 언젠가는 물통의 한쪽 면이 와르르 무너질 수도 있는 것이다. 깨진 널쪽이 도시의 어떤 조건일지에 대한 상상은 관점이나 입장에 따라 다양할 것이다. 그것이 재물이나 생계와 관련된 것이면 목청이 커질 수밖에 없고, 기후변화시대를 살아가고 있으니 환경 문제나 생태 보전에 대한 것에 목소리가 높아지는 것도 매우 자연스러운 일이다.

세상이 급격하게 다변화되고 있다. 그래서 물통 널쪽들의 개수도 늘어간다. 그러나 늘기는 하지만 약자소수 입장을 대변하는 널쪽이나 당장의 이익에 영향을 주지 못하는 널쪽들은 무관심의 대상으로 전락하는 것이 일상이다. 또 비물질적인 정신 가치를 설명하는 널쪽이라면 더더욱 멀리하는 것이 우리의 현실이다.

　우리 관심에 벗어나 있는 널쪽들에 관심을 가져보려 한다. 그것을 책의 주제인 '품격'과 연결시켜 보려 한다. 품격을 영어로 쓰면 'dignity'로 번역된다. 유사어들이 있지만 디그니티가 제일 와닿는다. 디그니티를 다시 번역하면 '존엄성'이 되니 더더욱 그렇다.

2. 품격 있는 도시가 되려면

'품격 있는 도시.' 시선에 따라 정말 다양할 듯싶다. 필자 관점에서 나름의 품격을 지키고 또 가져보려고 노력한 몇몇의 도시와 마을들을 떠올려 본다.

　첫 번째는 '츠마고妻籠宿'라 부르는 일본 나가노 현의 작은 마을이다.
　에도도쿄에서 나고야로 이어지는 나가센도라 불리는 대로일종의 우리나라의 영남대로 상의 역참마을 또는 여관마을이다. 이 마을은 일본 전역에서 가장 먼저 마을보존운동이 일어난 곳이다. 순수한 보존운동을 통해 지역을 지켜낸 일본 원조라 할 수 있다. 1960년대의 일본은 극상의 개발 시대였다. 1963년 신칸센이 개

통되고 1964년 도쿄올림픽을 개최했을 무렵이니 그 정도를 상상하고도 남음이 있다.

개발의 북새통 속에서, 1968년 '츠마고를 사랑하는 모임妻籠を愛する會'이란 마을조직이 탄생된다. 마을의 민속자료를 수집하던 몇몇이 모여 우리 마을만큼은 나가센도 역참마을의 모습을 지켜가자는 다짐의 일환이었다. '팔지 않는다, 빌려주지 않는다, 부수지 않는다売らない·貸さない·壊さない.' 그들 스스로가 정한 주민헌장이다. 60여 년이 지난 지금도 이 헌장은 유효하다.

마을 주민 스스로의 다짐과 맹세는 널리 알려져, 지역의 역사 환경에 국가가 관심을 가지는 계기가 되었다. 결국 츠마고는 1976년 일본 최초로 '중요전통적건조물보존지구'로 지정되었고, 마을을 위요하고 있는 400여만 평정확히는 1,245.4ha의 숲도 덩달아 보존지구로 지정되며, 마을경관보존지구宿場景觀保存地區, 지역경관보존지구在鄕景觀保存地區, 자연경관보존지구自然景觀保存地區 등의 신조어를 등장시키기도 했다.

현재 마을에는 세 개의 주민 모임이 있다. 츠마고를사랑하는 모임, 재단법인·츠마고보존재단, 비영리단체 츠마고부인소방대이다. 이외 마을에는 식당위원회, 숙박위원회 등이 있다. 모두 방문객들에게 제공하는 식단과 이부자리 등을 스스로 점검하고 상호 감시하는 위원회들이다. 마을 내 각종 현상변경행위의 신청과 조사·지도를 하는 통제위원회도 특이하다. 마을의 각종 행사와 축제를 관리하는 문화위원회도 있다. 이 위원회가 가장 중시하는 축제가 마을과 숲을 뛰어다니게 하는 건강마라톤대회다. 마을과 자연을 지키려는 그들의 노력이 충분히 상상되고도 남음이 있다. 그들이 하고 있는 일상과 특별한 일들을 나열해 본다.

1월~2월	츠마고동계대학강좌 妻籠宿冬期大學講座
1월 26일	문화재방재훈련 文化財防災訓練
3월 초순	츠마고정기환경정비사업 妻籠宿定期環境整備事業
4월 8일	꽃축제 花祭り
4월~11월 매일요일	새벽시장개최 朝市の開催
5월 제3일요일	건강마라톤대회 妻籠健康マラソン大會
7월 초순	방화시설정기청소 防炎施設(大井水)清掃
7월 23~24일	하계축제 夏祭り 와지노신사축제 和智野神社祭
8월 제4토요일	성산불축제 城山の火祭り
9월 1일중순	방재의날훈련(소화작업) 防炎の日訓練
10월	마을가로세미나전국대회참가 町並みゼミ 全國大會參加
11월 제2토, 일요일	추계걷기대회 さわやかウォキング 秋
11월 하순	츠마고문화제 妻籠文化祭
11월 23일	츠마고전통행렬 妻籠宿文化文政風俗卷之行列

그동안 츠마고는 마을을 잘 지켰다는 이유로 20여 차례 이상 상을 받았다. '팔지 않는다, 빌려주지 않는다, 부수지 않는다'라

는 그들의 맹세가 만들어 낸 결과다. 그러니 주민들의 자부심이 하늘을 찌를 수밖에 없다.

두 번째는 '유진Eugene'이라는 미국 오리건 주의 소도시_{인구} 13만 사례다.

오리건 주는 미국 서부 태평양 연안에 위치하여 목재업을 주 산업으로 했던 매우 조용한 시골 지역이었다. 지금도 이러한 지 역 맥락은 유지되고 있다. 오리건 주는 산업화와 현대화의 물결 속에서도 목재업의 속성, 즉 자연에서 생산되는 숲과 나무를 놓 치지 않았다. 오염물질을 내뿜거나 환경의 질을 저하시키는 그 어떤 산업이나 개발행위를 지양했다. 융통성 없는(?) 정책들로 오리건 주는 다른 주들에 비해 경제적으로 부족한 면이 있다. 일 자리가 부족하여 지방세를 받지 않는 대표적인 미국 지역 중 한 곳이어서, 남쪽 캘리포니아 주와 북쪽 워싱턴 주의 쇼핑객들이 포틀랜드나 유진을 방문하는 기현상이 벌어지기도 한다.

이러한 여건 속에서 유진은 여름에는 쾌청하고 시원하며 겨 울에는 눈이 내리지 않고 얼음이 얼지 않는 태평양 연안기후 특 성에 착안하여, 친환경에 기반을 둔 실버산업과 여가문화산업을 핵심 산업으로 선택했다. 신의 한수가 되었다.

오리건 주_{유진}의 자연환경을 지켜나가는 일관된 정책은 국제 적인 신발생산기업인 '나이키'와 밀접한 관계를 이루고 있다. 나이키 창업주인 필 나이트Phil Knight가 1957년 유진에 있는 오리건주립대학에 입학해 육상부 선수가 되면서 이야기는 시작된다. 당시 육상코치인 빌 바우어만Bill Bowerman을 만난 필 나이트는 육상 실력을 높이는 방법을 연구하다가 발이 편한 신발을 개발하기에 이르렀다. 둘은 의기투합해 오리건 주에서 나이키를 창업했다. 필 나이트와 빌 바우어만은 나이키 창업으로 일군 이익을 지역에 돌려줬다. 우리 돈으로 1조가 넘는 액수를 오리건대학에 지원했다. 오리건대학의 상당수 학생들이 나이키에 취업했고, 이 학생들이 나이키의 부흥을 이끌었고, 지금도 오리건대학은 나이키대학교로 통용된다.

한 가지 흥미로운 사실이 있다. 오리건대학의 상징인 'O'는 육상 트랙을 형상화한 것이라는 점이다. 얼핏 Oregon의 첫 자인 O로 여겨질 수 있는데, 육상 트랙의 형상이라 하니 특이하고도 특별하다 하겠다. 미국에서 조깅jogging 개념이 탄생한 도시가 유진이라 한다. 중장거리 육상 선수들이 훈련을 목적으로 오염되지 않은 도시유진 곳곳을 뛰어다녔던 그 길에서 조깅 문화가 창안된 것이다. 그래서 유진과 육상은 매우 깊은 관계를 가진다. 2022년 7월 15~24일에 유진의 헤이워드 필드2에서 제18회 세계육상선수권대회가 열리기도 했다. 이처럼 유진의 자연은 나

---

2 나이키 창업주인 필 나이트가 뛰었던 오리건대학의 육상 트랙이며, 트랙의 리모델링을 위한 재원도 전액 나이키가 담당했다.

이키의 탄생을 야기시켰고, 현재까지 나이키의 나눔 정신으로 이어지며 그 특별함이 빛을 발하고 있다. 오리건 주의 친환경에 대한 올곧은 이념과 정책 추진은 유진을 21세기에 주목받는 도시로 재탄생케 하는 기폭제가 되었다. 유진은 미국에서 이름 높은 실버도시로 나아가고 있고, 깨끗한 공기와 쾌적한 도시환경을 상징하는 육상의 도시가 되었다.

세 번째는 대서양을 마주한 프랑스 서쪽 연안지대의 '낭트 Nantes'이다.

낭트 중심을 관통하는 루아르 강 내 낭트 섬에 1760년 '뒤비종Dubigeon 조선소'가 문을 연 후, 낭트는 대서양 서부 연안의 조선 중심지로 발전했다. 19세기 중반 이후 통조림과 비스킷을 생산하는 식품가공 공장들과 조선 관련 제철소들이 들어서며 낭트의 산업화는 극에 달했다. 그러나 1960년대부터 밀어닥친 탈산업화 현상으로 낭트는 쇠락의 길로 들어섰다. 뒤비종 조선소는 합병과 통합을 거듭하다 1987년 폐쇄되고 말았다. 그 결과 20세기 말, 낭트는 프랑스의 대표적인 쇠퇴 도시로 전락하고 말았다.

문제 탈출을 위한 낭트의 대안은 섬 내 폐산업시설들을 모두 철거한 후 다국적 부동산투자회사들을 끌어들여 대규모 재개발을 시행하는 것이었다. 그때 퇴직 노동자들이 반발했다. 낭트 섬

의 조선산업의 기억이 사라질 것을 우려한 그들은 낭트선박건
조역사협회를 설립했다. 이것이 낭트 섬의 미래를 바꾸게 한 터
닝 포인트가 되었다.

1989년 장마르크 애로Jean-Marc Ayrault 시장의 등장도 낭트
재탄생의 시금석이 되었다. 그는 2012년까지 4선을 하며 낭트
를 환골탈태시켰다. 낭트 섬과 관련된 그의 특별 정책은 세 가
지로 나눌 수 있다. 첫째는 이전 시장들의 추진사업 중 시민 선
호 사업들을 재추진하는 것이었다. 대표 사업이 전차 도입과 뒤
비종 조선소의 활용이었다. 둘째는 낭트 섬의 도시재생 지침을
제도화한 것이었다. 장소 기억과 유산 가치를 고려한 재생, 루아
르 강과 연계된 시민 활동 촉진, 대중교통 중심의 교통체계 구
축, 섬 전체 기능의 조화로운 복합, 통일성을 기조로 한 유연한
변화 추구 등. 세 번째는 낭트 섬 재생을 위한 실행 주체의 확보
였다. 공공개발과 정비에서 주택 및 상업지구 개발에 이르는 전
사업을 총괄하는 광역도시정비공사SAMOA를 2003년 출범시켰
다. 첫 사업이 법원 청사를 낭트 섬으로 이전시키는 것이었다.
이에 더해 청사와 내륙 간 보행전용교를 건설하여 연안을 보행
자 천국으로 만들었다. SAMOA는 조선소 크레인들을 보존하
여 낭트의 랜드마크로 삼게 하고, 작업장 홀을 '섬기계전시관Les
Machines de l'île'으로 재탄생시키며 낭트 섬을 혁신의 재생지대
로 나아가게 했다.

아크

섬기계전시관의 첫 작품! 그것은 52명을 탑승할 수 있는 '거대한 기계 코끼리Grand Elephant'였다. 12미터 높이의 거대 코끼리가 2007년에 등장하며 낭트 섬은 일시에 명소가 되어 버렸다. 2011년에는 100만 방문 기록을 세웠다. 섬을 이리저리 다니며 물을 뿜는 코끼리 위에서의 낭트 섬 구경은 여느 테마파크에서의 흥분을 넘어서고도 남았다. 상상을 초월하는 움직이는 기계들이 연이어 등장했다. 어떻게 이런 발상을 시작할 수 있었을까? 낭트는 『해저2만리』, 『지구속 여행』, 『80일간의 세계일주』 등으로 유명한 쥘 베른Jules Verne의 고향이었다. 19세기 소설 속에서 비행기, 잠수함, 우주선 등을 상상했던 사람이 쥘 베른이었다. 그렇다. 19세기에 창안된 그의 상상을 21세기의 낭트 섬에 녹여 놓은 것이었다.

낭트 섬에는 유럽연합의 지원으로 탄생한 '창조지구Quaritier de la Creation'가 있다. 그 덕에 죽어 있던 폐산업시설들과 부지들이 새 생명을 얻고 날개를 달았다. 폐공장이 대학 캠퍼스로 변신하고, 다양한 스타트업과 지역 언론·방송사들이 폐시설 부지에 자리 잡았다. 수변 창고들은 새로운 수요들로 다시 채워졌다. 인근에는 낭트 섬에서 살아가는 다양한 계층을 위한 실험 주택들이 들어섰고, 대형 요양원과 공유 개념의 식당과 목욕탕도 세워졌다. 새로운 것을 창조하기 위한 산업 재산업화, 즉 기억과 흔적에 대한 존중은 낭트 섬 탄생의 지향점이 되었다.

Differentiation Emerging From Generality.

필자가 좋아하는 명언이다. 1950~60년대 미국 뉴욕의 개발에 반하여 도시보존운동을 이끌었던 제인 제이콥스Jane Jacobs, 1916~2006라는 미국의 도시인류학자이자 시민운동가가 한 말이다. '차별성은 보편성에서 나온다'로 설명되는 이 문장은 우리 도시가 이미 보유하고 있지만 모르거나 그 가치를 놓치고 있는 일상의 보편적인 것들에서 새로운 가치가 창출된다는 뜻이다.

앞서 소개한 세 사례들은 입지, 규모, 관점 등 모두 천차만별이다. 명확한 공통점은 쇠퇴와 개발의 시대를 버텨내며 마을과 도시를 진정으로 사랑했던 사람들의 합심으로 나름의 품격을 갖추게 되었다는 것이다. 또한 제이콥스가 말했던 것처럼 다른 지역과 도시들이 소홀히 하던 보편적인 특성을 소중히 여겼고, 그것을 차별로 연결시켰다는 점이다.

필자는 그 품격의 근거인 보편적인 특성을 해당 도시가 가진 '본질'로 이해하고 있다. 츠마고가 가진 본질은 역참마을이라는 역사성에 기반한 지역성이었고, 유진의 본질은 짙은 숲과 연계된 자연과 날씨였다. 낭트의 본질은 항구도시에서 비롯된 조선업과 바다의 감성이 낳은 상상력이었다. 모두 그 본질을 우직하게 지켰고 결국 그것이 미래와 연결되었다.

3. 산복도로에서 떠 올려 본 부산의 본질[3]

이제 부산의 본질을 생각해 보려 한다.

부산은 많은 것을 가진 도시다. 그것을 현실로 구현해 내는 건 우리의 몫인데, 우리는 늘 부산을 부족한 도시로 여긴다. 그래서 끊임없이 변화를 요구한다. 그 변화의 결과를 생각해 보면 그리 만족스럽지 못한 것이 현실이다. 짧은 글을 통해 모든 부산을 살펴보고 또 본질을 논하는 것은 불가능하다. 그래서 부산항을 중심으로 하는 원도심에 한정한다.

전쟁이 끝나니 부산은 기존 인구의 세 배에 이르는 인구 백만의 대도시가 되어 있었다. 가장 큰 문제는 집이었다. 철거이주, 주택현지개량, 중저층의 공동주택조성 등의 다양한 건설 행위들이 반복되고 또 이행되며 원도심 배후지대를 이루는 산복도로는 집들로 꽉 차 버렸다. 1970년대 초반, 바다부산항로의 조망권 확보라는 대의의 정책이 등장했다. 산복도로망양로 등보다 높게 올라오는 건물을 지을 수 없고, 산복도로 위에서는 10~30m 높

---

3   이 부분은 2024년 필자가 작성한 칼럼 3편을 옴니버스 형식으로 정리한 것이다. 더 많이 두들겨 보아야 할 산복도로라는 돌다리(국제신문 "강동진의 도시이야기," 2024.05.24.); 부산의 본질, 간절한 마음으로 다시 브랜딩하자(국제신문, 2024.07.25.); 부산 원도심 부활에 대한 근원적 생각(국제신문, 2024.09.26.)

이까지만 건물을 짓게 하는 고도제한 제도였다. 부산의 공간 특성을 지켜가려 했던 대단한 혜안의 발상이었다.

이것은 필자가 얘기하려는 부산항과 연결된 원도심이 가진 본질을 형성시킨 계기라고 생각한다. 그 본질은 바다로의 조망권 확보 문제를 넘어, 부산 스스로 자부하는 '삼포지향三抱之鄕의 근원체인 바다와의 긴밀하고도 치밀한 관계'를 말한다.

언젠가부터 산복도로에서 바다를 품게 했던 이 제도를 50년이 지나 케케묵어 현실과 맞지 않고, 또 원도심산복도로 발전을 저해시키는 주범으로 몰기 시작했다. 현실의 틈새를 비집고 뭔지 모를 고민들이 밀려든다. 고도제한 해제완화가 부산과 지역에 가져다줄 이익은 과연 무엇인가? 수혜 대상은 누구인가? 누가 떠나고 들어올까? 잃어버리는 것은 없을까? 또 누가 끝까지 책임을 질 것인가?

논란은 북항재개발사업이 불을 지폈다. 바다를 가로막고 솟아 올라오는, 그것도 주상복합으로 둔갑한 초고층 아파트들이 지어지면서 힘들게 버티던 고도제한의 논리도 무색해지고 말았다. 바다 바로 앞에서 조망을 막으니, 뒤쪽에서의 조망 보호 논리는 힘을 잃을 수밖에 없다. 형평성을 잃은 공공정책 앞에 민심은 흔들릴 수밖에 없고, 더군다나 그 정책의 공동책임을 가진 기초자치단체들이 이를 부추기는 실상이니 뒤죽박죽이라 하지 않을 수 없다.

해제와 완화의 논리는 이렇다. '바다가 가려지게 되어 고도제한의 원 의도가 상실되었고, 해제 후 신규 아파트를 지어 인구 유입을 시도하겠다'는 것이다. 틀리지는 않아 보인다. 그런데 주장 속에 빈틈이 크고 또 생각해야 할 것이 많다. 해제 또는 완화에 따른 부작용들을 최대한 줄임과 동시에 플러스 요인을 지속적으로 가져올 수 있는 구조와 체계를 짜는 것이 상책이다. 많은 것들이 촘촘하고 세밀하게 준비되어야 할 것이다. 또 다른 고민이 시작된다. 풀어야 한다면 어디를 풀고 얼마나 완화해야 할까? 지형과 조망 조건을 충분히 수용한 새로운 변화 방식은 없을까? '우리의 의식을 완전히 쇄신시킬 수 있는 묘책은 없을까?'

인구가 줄어드는 축소시대임에도 계속 집을 지을 수밖에 없는 우리 경제의 모순이 하필 이곳 산복도로에서 반복되어야 한다는 사실 앞에서 무력증을 느낀다. 산복도로와 같은 곳을 우리처럼 다루려는 도시가 지금 세상 또 어디에 있을까.

우연한 기회에 놀라운 숫자를 발견했다. 그것은 서구, 중구, 동구, 영도구로 대변되는 4개 구의 경제지수를 합친 수치였다. 합쳐보니 종사자수, 사업체수, 지역내총생산이라 불리는 GRDP가 부산 최고가 되지 않는가. 해운대구, 부산진구, 강서구를 크게 상회한다. 무엇을 말하는가. 서·중·동·영도구는 충분한 경제적 여력을 가지고 있었음에도, 또한 부산 최고의 경쟁력을 가지고 있음에도 우리는 애 태우고 있는 것이다. 이런 오해 아닌 오해 때문에 4개 구는 위기 극복을 위해 경쟁적으로 자신을 바꾸는 데에 매달리고 있다. 결과적으로 혼돈의 획일화와 과밀의 인공화를 추구할 수밖에 없는 현실로 빠져들고 있고, 스스로 원도심 정체성 파괴에 앞장서고 있다. 원도심의 정체성은 부산 본질이고 또 미래의 힘인데도 이것이 현실이 되고 말았다.

그래서 통합 얘기를 꺼내어 본다. 사실 2017년에도 시도했던 케케묵은 것이다. 왜 통합 논리가 진전되지 못했을까. 부작용에 대한 과잉 해석, 지역 형평성에 대한 논리 부족, 정치적인 이유 등이 주원인이었던 것으로 파악된다. 내면으로는 공공행정부문 축소에 대한 염려가 최대 걸림돌이 아니었나 싶다.

코로나 시대를 거치며 우리의 상황은 크게 변했다. 그 우려들은 새로운 라이프 스타일에 대응하는 기능 조정과 신문화와 산업 유치를 통해 얼마든지 상생할 수 있을 것으로 보인다. 이를 해낼 수만 있다면 돌아올 혜택은 헤아릴 수 없을 정도로 크고 많다. 필자 관점에서는 '지역 특화 개발의 가능성이 높아진다는 것'이 가장 커 보인다. 해제하려고 하는 고도제한을 풀지 않아도 될 것이고, 똑같은 초고층 건물 짓기에 혈안이 된 원도심의 미래를 차별적으로 개성 있게 만들어 갈 수 있는 길이 열릴 것이다.

지역별 특수성이 살아나며 부산 전체 경쟁력이 고도화되는 터닝 포인트도 될 수 있을 것이다.

현시대는 우리만의 것으로 이해되는 로컬리티locality를 중시한다. 이것의 보호와 특화, 그리고 산업화를 지역의 현재와 미래를 결정짓는 잣대로 삼기도 한다. 이 시대, 부산 원도심의 통합은 강력한 로컬리티를 지향하기 위한 최적의 방안으로 여겨진다. 통합이 섞여서 몰개성沒個性 되거나 흐리멍덩한 희석이 아니라, 분명하게 지역색을 살려내고 균형 있는 발전을 이루어 내는 유일한 해결책이 될 것이라는 기대 때문이다. 통합에 따른 지원과 혜택도 이어질 것이다. 다만, 지역별 개발 편차로 인한 형평성 논란에 대한 불만이 있을 것이다. 그러나 이것은 넘지 못할 산이 아니라 풀어야 할 과제일 뿐이다.

4. 품격 있는 도시에 살고픈 마음

인구소멸도시, 초고령 도시, 인천에 곧 따라 잡힐 도시, 100대 기업이 없는 도시, 기업이 가장 많이 떠난 도시... 근자에 쏟아지는 부산에 대한 설명이다. 이상하지 않을 수 없다. 부산은 좋은 도시임에 틀림없는데 왜 떠나기만 하고 들어오진 않을까? 수도권이 난공불락이고, 양질의 일자리 부족 때문이라는 사실은 삼척동자도 안다. 과연 이 뿐일까?

이렇게 생각해 보았다. 부산은 다이내믹했던 20세기를 보냈다. 침탈과 전쟁이라는 극단의 상황들이 중첩되는 우여곡절을 겪었다. 그런 중 부산은 조급해지고 말았고, 19세기 이전의 부산을 소홀히 했고 20세기의 부산은 그냥 지우려고만 했다. 지난 시간이 가혹할 정도로 힘들었기에 그랬으리라. 1963년에서 1995년까지 직할시 시절의 부산은 가난했지만 부흥과 희망으로 가득했던 도시로 기록된다. 380여만의 인구 정점을 찍었던 해가 1995년이었다. 그해, 파이를 1/6로 나눠가져야 하는 광역시가 되면서 부산은 달라지기 시작했다. 분명 그즈음이었다. 부산의 쇠락과 퇴락이 본격화된 시간이.

'부산'에 대한 긍정의 면을 국민에게 묻는다고 가정해 보자. 필경 바다, 날씨, 연안수변 풍경, 항구와 포구들, 피란수도 이야기, 근대 역사, 소박하고 신선한 음식문화 등이 앞 순위를 차지할 것이다. 모두 너무 익숙해서, 그래서 당연해 보이는 부산의 본질로 대변되는 것들이다. 국민이 부산을 이리 기억한다면 바다와 강 그리고 산을 생태적으로 그 주변은 친환경이 살아 약동하도록, 그리고 피란수도이자 국가재건도시로서의 국난 극복의 근대역사는 진정으로 선명해지도록 해야 하는 것 아닌가.

지금까지 우리는 이런 류의 것들은 밥을 먹여 주지 못한다고 생각했다. 가끔 떠올리는 시늉만 하면 되는 것으로 여기지 않았나 싶다. 그런데 부산의 자연과 역사는 그렇게 적당히 다룰 대상이 아니다. 그것은 우리가 그토록 원하는 부산 사람들을 늘려갈 수 있는 미래 산업의 바탕이자 근거이고, 바로 그것이 부산이 반드시 붙들어야 하는 본질이기 때문이다.

시간에 따른 도시 변화는 필연적인 것이다. 그러나 지금의 부산은 부산의 본질적 가치를 지우고 파괴하는 변화와 스스로 부산다움을 잃게 하는 그저 그런 도시로의 변화를 당연시하고 있다. 더욱이 그것이 번영의 길이라 여기고 있다. 그럴 수도 있겠지만, 옳다고 보기에는 문제가 많다.

이런 방식으로는 부산의 경쟁력이 점차 하락할 수밖에 없다. 누적치가 극에 달하면 급속히 무너질지도 모른다. 이제라도 부산의 본질적 가치를 브랜딩 해야 한다. 본질을 찾고, 그것을 미래 경쟁력으로 연결하는 일에 정성을 다해야 한다.

정체성은 '일관되게 유지되는 존재의 본질'을 의미하니, 부산의 정체성이 곧 부산의 본질이라 할 수 있다. 부산이 다시 도약하려면 이것을 반드시 붙잡아야 한다. 이를 터부시하거나 진정으로 끌어안지 않는다면 부산은 현재의 박한 평가에서 벗어나는 것이 결코 쉽지 않을 것이다.

부산시는 2024년을 '글로벌 허브도시 도약'의 원년으로 정했다. 100% 동의할 수 있다. 그런데 부산의 정체성이자 바탕을 이루는 부산의 본질에 몰입하고 이를 확실하게 붙잡지 않는다면 글로벌 허브도시는 구호에 그칠 수밖에 없다. 진정한 글로벌은 해당 도시의 본질과 연결된 로컬을 바탕에 두지 않는다면 쉽게 가질 수 없는 것이기 때문이다.

아크

현시대는 우리만의 것으로 이해되는
로컬리티locality를 중시한다.
이것의 보호와 특화,
그리고 산업화를
지역의 현재와 미래를 결정짓는
잣대로 삼기도 한다.
이 시대, 부산 원도심의 통합은
강력한 로컬리티를 지향하기 위한
최적의 방안으로 여겨진다.

심상교

부산교육대학교 국어교육과 교수, 고려대 국어국문과와 동대학원을 졸업했다.
동해안별신굿과 영남지역 민속가면극을 중심으로 전통연희의 연행성 등을 연구
하고 있다. 요즘은 한국 민속신앙 속의 신격에 대해 연구하고 있다.

한국 전통 미학의
품격

미적 품격은 어떤 모습일까. 한국인의 미적 품격은 어떤 모습일까. 미학에서는 미의 범주를 크게 우아미, 숭고미, 비장미, 골계미, 이렇게 네 가지로 나눈다. 미의 종류가 풍습과 인종, 지역마다 수없이 달라질 테지만 미학자들은 대체로 이 네 가지를 미적 범주의 근간으로 삼는다. 이러한 미적 범주 네 가지, 이들 각각은 어떤 미적 품격을 지녔을까. 어떤 품격의 내용이 함축되어 있을까.

온화하고 균형적인 우아, 경외와 존중을 지닌 숭고, 인간의 종국적 모습을 보여주는 비장, 유희와 허투름의 골계 등으로 품격을 간략히 살펴볼 수 있다. 미학 범주의 품격은 모두 기본적으로 인간의 태도와 관련된다. 그중에 숭고와 우아는 자연의 모습이나 종교와도 관련되어 비인간적 상황과도 관련되지만 비장과 골계는 인간의 상황과 밀접하다.

비장과 골계에는 인간의 현존재 품격과 미래의 품격이 모두 담겨 있지만 비장에는 미래가 조금 더 있고 골계에는 현존재가 조금 더 있다. 비장을 담고 있는 작품은 인간이란 어떤 존재인가, 한계적 존재인 인간은 어떻게 살아야 하는가 등 해결되기 어려운 문제를 계속 제기한다. 앞으로의 문제를 계속 제기하기에 미래와 좀 더 가까운 것이다. 인간의 현재와 미래의 품격을 궁구하는 것이 비장과 골계에 들어 있는 것이다.

로미오와 줄리엣은 애틋한 사랑을 이루지 못하고 죽는다. 그렇다면 남은 사람은 이들의 죽음을 어떻게 받아들이고 사람들은 또 어떤 죽음을 향해 갈까, 이런 미래적 문제들을 비장이 던져 주는 것이다. 햄릿이 아버지의 복수를 대신 감당하다가 자신도 죽는다. 화해할 수는 없었을까. 새 왕이 된 작은아버지와 결혼한 형수는 무슨 마음으로 죽음과 맞바꿀 만큼의 불륜에 몰두하였을까. 이런 문제가 남은 자들에게 제기된다. 이처럼 비장을 통해 인간은 자신을 다시 한번 돌아보고 인간의 품격을 생각해 보게 된다.

골계는 희극적 품격을 포괄한다. 희극의 핵심은 해피엔딩과 화해, 웃음이다. 골계의 품격은 좁혀진 채 논의되는 경우가 많은데 골계는 비장미와 맞설 뿐만 아니라 우아미와 숭고미도 포괄하기 때문에 골계의 품격은 사실, 매우 광범위하다고 할 수 있다. 김유정의 소설에도 골계가 자리 잡고 있지만 심청가, 흥부가

의 해피엔딩도 골계의 품격을 보여주는 것이고 춘향가 속 암행
어사 출도의 통쾌함도 골계의 품격을 보여주는 것이다.

　　비장은 현재에 대한 통찰을 바탕으로 인간이 종국에 도달할
미래 품격을 좀 더 통찰하게 하는 것이고, 골계는 미래에 대한
전망을 포함하지만 현재 처해 있는 세계 내 존재의 품격에 좀 더
관심을 갖고 있는 것이다. 한국인들에게 비장과 골계는 어떤 품
격으로 받아들여지고 있을까.

　　한국인들은 비장미의 품격에 익숙지 않다. 최소한 문학에서
는 그렇다. 비장미에는 인간이 한계적 존재라는 인식이 담겨 있
다. 한계적 존재라는 것은 모든 인간은 결국 죽는다는 점과 관련

된다. 죽음에는 대개 이유가 있다. 병이나 사고가 원인이 된 우연한 죽음도 있고, 의를 위해 죽음을 선택하는 경우도 있고, 천수를 누린 죽음도 있다. 비장미는 자신이 선택한 죽음, 성격 결함에 의한 의외의 죽음 등을 지칭한다. 한국인은 비장미를 미적 품격으로 인정하지 않는 경향이 있다. 문학작품이나 예술에 지독한 비극미가 절창의 작품으로 칭송되는 경우가 거의 없다. 셰익스피어의 비극 같은 작품은 세계 도처에 존재하는데 유독 한국에는 이러한 비극이 발견되지 않는다. 현대작품에는 많이 발견되지만 고전 작품에는 이런 비극이 발견되지 않는다.

고전까지는 아니지만 1930년대에 공연된 <사랑에 속고 돈에 울고>라는 연극에서도 비극을 좋아하지 않은 한국인의 인식이 드러났다. 처음 공연할 때는 주인공 홍도는 남편의 애인을 칼로 찔러 죽인다. 그런데 관객들은 주인공 홍도가 살인자가 되는 것을 용납할 수 없다고 항의하여 칼로 찌르지만 다치는 정도로 내용이 변경된다. 한국인은 비장미를 사랑하지 않은 대신 골계미를 사랑했다. 한국인의 미적 품격이 골계미와 맞닿아 있는 것이다.

사진 2. 동양극장.1935년 11월에 개관하여 〈사랑에 속고 돈에 울고〉 등 당대 최고의 인기 연극을 공연하였음. 1990년에 철거됨. (출처: 나무위키)

골계미는 긴장과 멀다. 유희적이고 웃음과 가깝다. 해학, 풍자와도 가깝다. 골계는 어떤 점에서 비장미의 품격을 넘어선다. 현존재를 정확히 알기 위해 분석하고 비판하는 골계지만 분석과 비판을 위해 상대를 베지는 않기 때문이다. 아리게는 하나 피를 내지는 않는 것이다. 상대에게 길고 긴 슬픔의 잔영은 남기지만 당장의 슬픔에 호곡하지는 말라는 점에서 비장미의 품격을 넘어서는 골계미의 품격을 볼 수 있다.

골계는 서사보다 서정에 좀 더 가깝다고 할 수 있다. 서사는 대립하고 갈등하는 것이 핵심이다. 대립하고 갈등하려면 두 사람 이상, 두 개 이상의 상황이 맞닥뜨려야 한다. 한국인들도 서로들 다투며 살 텐데 문학이나 예술 속에서는 다투는 것을 즐겨하지 않았다. 그래서 서정을 더 즐겼던 것 같다. 서정은 작품 속 화자의 일방적 얘기만 있다. 한국인은 이런 일방적 얘기에 더 관심을 가졌던 것 같다.

골계의 서정적 품격을 드러내는 것이 노래다. 여럿이 모여 노래하고 춤추기를 좋아했다는 『삼국지 위지 동이전』의 기록이 바로 골계와 서정의 품격을 가진 한국인의 특성을 잘 보여주는 것이라 할 수 있다. 민요도 노래의 하나인데, 민요 「진주난봉가」에 골계와 서정의 품격이 들어 있다. 「진주난봉가」에는 힘든 시집살이가 들어 있다. 며느리는 한순간도 자기 생활을 갖지 못한 채 한스럽게 생을 마감한다. 시어머니는 불쌍한 며느리에게 흰 빨래는 희게 빨고 검은 빨래는 검게 빨라고 요구한다. 며느리의 신랑은 오랜만에 귀가하는데 기생첩을 데리고 들어와 조강지처한테 술상을 내오라 한다. 하여, 며느리는 목을 맨다.

「진주난봉가」는 골계의 품격을 보여주는 민요. 사람이 죽는 노래인데 비장하게 슬프지 않다. 잘못을 타박하지만 타자의 살을 에는 날카로움은 감추고 있다. 살아남은 사람에게 슬픔의 종신형을 남긴다. 나는 죽지만 너는 내 죽음으로 평생 괴로워하라는 내용이 들어 있다. 비장미는 없지만 비장미를 넘어서는 골계의 품격이 드러나고 있다.

「진주난봉가」에는 사실, 며느리 이야기만 들어 있다. 시어머
니와 남편의 이야기는 들어 있지 않다. 왜 시어머니와 남편의 이
야기는 없을까. 그것은 한국인의 골계적 품격과 서정적 품격 때
문일 것이다. 서사적 품격을 더 사랑했다면 시어머니와 남편의
이야기를 「진주난봉가」 안에 담았거나 「진주난봉가2」라는 민요
를 만들었을 것이다. 노래 속 화자인 며느리 이야기만으로 노래
는 할 일을 다한 것으로 생각한 것이다. 미래에 대한 전망을 잊
은 것은 아니지만 그보다는 현존재의 세계 내 품격에 더 집중한
것이다. 다퉈 싸우려 하지 않고 긁어 부스럼 만들려 하지 않는
온화 이상의 품격이 한국인의 골계에 들어 있는 것이다.

「진주난봉가」 속 시어머니와 남편의 이야기를 듣는다면 그들
은 어떤 내용을 말할까? 며느리를 박대한 점에 대한 통한의 속
죄를 이야기할까, 아니면 자기변명을 늘어놓을까. 그것도 아니
면, 며느리는 못된 여자였다. 늦게 일어나고 일찍 자며, 빨래 한

번 해 본 적 없이 게을렀던 여자였고, 고봉밥을 하루 네 번이나 먹으며 술을 더 내놓으라던 여자라고 시어머니와 남편이 주장할 수도 있다. 게다가 옆집 남자와 통정을 한 것이 발각되어 소박맞을 위기에 처하자 오히려 남편과 시어머니를 비방하는 후안무치의 언행을 서슴없이 휘두르는 여자가 되었다고 주장할 수 있다. 그러면서 「진주난봉가」의 허구성에 억울하다고 하소연할 수 있다.

하지만, 「진주난봉가」는 시어머니와 남편의 입장은 무시된채 며느리의 주장만으로 완성되었다. 이 작품은 강자를 타박하며 약자의 서러움이 해소되는 효과도 의도하였다. 민요 화자의 주관적 이야기이지만 약자의 해원성 노래라 감정이입이 쉽고 민요 화자의 상대방은 일방적으로 미움을 받게 된다. 서정 장르의 품격을 활용하여 강자의 억압성을 비판하고 있다. 이와 같은 방식으로 작품을 전개시킨 공연예술이 있다. 골계의 품격을 이용하여 약자의 서러움을 해원하고 강자의 억압을 질타한 장르이다. 그것은 바로 민속극이다.

수백 년 전부터 전승되기 시작하여 현재까지 살아남은 대표적 공연예술인 민속극탈춤도 전체적으로는 서정과 골계의 품격이 강하다. 민속극 속 할미·영감과장의 경우 영감과 할미가 대립하는 장면이 있기는 하지만 대체로 가부장제 속 할미의 서러운 인생해원에 방점이 찍혀 있다. 영감의 삶이 전혀 없는 것은 아니나 영감의 속내는 제대로 표현되지 않는다.

／ 사진 4. 강령탈춤의 미얄영감·미얄할미춤과장. 영감과 본처, 첩 사이의 삼각관계를 보여줌.
(출처:필자)

현재 전승되는 탈춤이 정확하게 언제 시작되었는지는 알 수 없다. 전승 관련 기록이 없기도 하며 있어도 분명치 않아 탈춤의 전승시작 시점은 정확하게 특정되지 않고 추정될 뿐이다. 시작 시점으로 논의되는 대표적인 경우는 인조 12년1634년경이다. 이 때 나례 등의 역할이 급격히 축소되면서 나례도감 등에 소속되었던 연희자들이 전국으로 흩어지면서 지방의 탈춤이 본격적으로 전승되기 시작했다는 주장이 힘을 얻고 있다. 또는 18세기 초에 본산대 연희 등이 확립되면서 탈춤이 전국 확산의 기틀을 마련했다는 주장도 있다. 영남지역 탈춤은 19세기 말엽에 본격 확산되기 시작했다는 주장이 가장 큰 힘을 얻고 있다.

탈춤이 언제 시작되었는지를 정확히 모르더라도 현재 전승되는 탈놀이는 수백 년 동안 사라지지 않고 전승되고 있는 대표적인 공연예술 장르이다. 공연예술 장르로 오래된 것에는 판소리도 있지만 판소리의 공연성과 탈춤의 공연성에는 많은 차이가 있다. 판소리는 혹독한 목소리 독공 시간을 견딘 한 명의 예술가에 의해 공연되지만 탈춤은 신체의 한 부분이 아닌 몸 전체를 수련시켜 공연한다. 판소리는 광대 두 명이 연합하나 탈춤은 광대 수십 명이 연합하여 연희를 한다. 판소리는 대체로 실내에서 공연되었으나 탈춤은 개방된 마당에서 공연되었다. 판소리는 제한된 인원이 참석한 가운데 공연되었으나 탈춤은 인원 제한 없이 마을의 혹은 시장의 누구나 구경에 동참할 수 있었다.

수십 명의 광대가 연희에 동참하고 수백 명이 연희를 관람할 수 있는 탈춤이었기에 탈춤은 일반 민중들의 세계관을 반영하는 데 적극적이었다. 조선 후기 이래 일반 민중들의 미적 품격이 온전히 녹아 있는 예술이 탈춤이었던 것이다. 때문에 탈춤은 일반 백성들의 미적 품격을 담은 예술 형식이라고 할 수 있다. 백성들의 미적 품격은 우아와 숭고를 아우르는 골계의 품격이었다.

탈춤의 주요 등장인물은 영감, 할미, 양반, 말뚝이, 노장, 목중, 소무, 문둥이, 영노 등이다. 탈춤 이전의 문학예술 작품의 주인공은 대개 양반이었다. 피지배자 계급은 배경인물 정도였는데 탈춤에서 주요 등장인물이 되었다. 탈춤은 인간의 품격을 강조

했던 시대의 가치관이 더 이상 의미 없다는 기존 가치관의 피로감을 보여주면서 인간 품격의 새로운 가치관을 주장하였다.

조선시대는 인간의 품격이 통치의 근간이었다. 인간 위주의 사상을 바탕으로 정치를 이어나갔지만 인간의 품격을 지킬 수 있었던 계층은 양반뿐이었다. 일반 백성은 인간의 품격 밖에 존재했다. 문학예술 작품 속 주요 등장인물도 지배층 양반뿐이었다. 이들 작품 중에도 절정의 완성도를 보이는 작품이 있지만 조선 후기로 오면서 일반 백성들도 작품의 주인공이 되면서 조선시대 문학예술 속 인간 품격은 후기에 와서야 자리를 잡게 됐는데 그 핵심 장르가 탈춤이었다. 일반 백성도 인간의 품격 안에 있다는 것을 주장한 대표적 공연예술이 탈춤이었던 것이다.

／ 사진 5. 양주별산대놀이의 취발이와 소무, 그 사이에 낳은 아들. (출처: 필자)

우아와 숭고를 아우르는 골계의 미적 품격은 김홍도와 신윤복의 그림에서도 나타난다. 이들 외의 작가 작품에도 나타나지만 이 두 사람 작품에서 인간은 비로소 인간의 품격으로 대접받기 시작했다. 김홍도와 신윤복은 사회적 계층을 떠나 모든 인물들이 가진 인간적 품격을 표현하는 데 주목했다. 김홍도와 신윤복의 작품은 각각 독창적인 미적 가치와 품격을 통해 조선 사회의 풍경과 사람들의 삶을 생생하게 담아냈던 것이다. 두 화가는 각기 다른 기법과 주제를 통해 한국적 미학의 품격을 높였으며, 그들의 그림은 단순히 미적인 즐거움을 넘어서 인간적인 품격, 시대의 가치관, 그리고 당대 사회가 지향해야 할 미래 전망을 작품에 그렸다. 탈춤에 이어 이들에게서 미적 품격이 비로소 완전체를 드러냈고 한국인이 좋아하는 미적 품격이 우아와 숭고를 아우르는 골계의 품격이라는 점도 확인되었다.

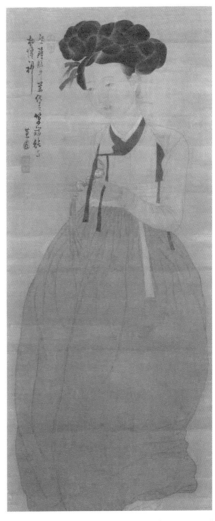

／ 사진 6. 신윤복의 미인도. 여인의 외양이 당시의 유행을 반
영하고 있는데 우아를 넘어서는 아름다움이 있음.
(출처: 『여세동보』, 대구간송미술관, 2024, 146
쪽)

김종기

철학자·미학자이자 미술비평가. 베를린 훔볼트대학교에서 미학 및 사회철학으로 철학박사 학위를 받은 후, 부산대학교에서 학생들을 가르쳤고, 현재는 부산교육대학교에서 대학원생들을 가르치고 있다. 부산미학연구회 회장, 민주주의 사회연구소 부소장을 역임했으며, 부산의 여러 사회단체에서 '미학', '마르크스 철학', '니체 철학' 등으로 시민 강좌를 진행했다. 2018년에서 2023년까지 6년간 민주공원 관장을 역임했으며, 2024년 10월부터 부마민주항쟁기념재단 상임이사를 맡고 있다. 2015년부터 현재까지 '상지인문학아카데미'에서 시민들을 대상으로 미학을 가르치고 있다. 여러 지면을 통해 미술 비평과 미술 및 미학 관련 글을 기고하고 있다.

품격과 아우라에
대하여

1. 품격品格과 아우라Aura

올해 2024년 12월 18일음력 10월 28일은 수운 최제우1824.12.18-
1864.4.15 탄신 200주년이 되는 날이다. 또한 올해는 수운 선생
이 경주에서 동학을 창시하고1860년, 철종 11년 순교하신 지1864년
160주년, 동학농민혁명 130주년이 되는 해이다. 올해 광주 비엔
날레는 광주시립미술관에서 동학혁명과 5.18민주화운동을 민족
사적으로 동일선상에서 포착하는 전시를 기획한 바 있다.

　동학 제2대 교주 해월海月 최시형1827-1898 선생의 처형 직전
사진으로부터 시작해 보자그림 1. 다 해진 옷에 고문으로 앙상한
몰골과 퀭한 눈의 해월은 발이 퉁퉁 부어 혼자 서는 것은커녕 앉

아 있는 것조차 버거워 다른 사람이 받쳐줘야 했다. 해월은 이 사진을 찍고 나서 30분 후인 1898년 6월 2일 오후 5시에 교수형을 받아 세상을 하직한다. 교수형을 선고한 자는 1894년 동학 농민혁명의 원인을 제공한 고부 군수 조병갑이었다.

해월은 1861년 동학에 입문하여, 1863년 8월 14일 수운에게서 도통을 이어받고 동학의 제2대 교주가 되었다. 해월은 1864년 수운이 사형으로 서거하고 난 후, 수운의 사상을 집대성하여 1880년 강원도 인제에서 동경대전東經大全을 간행하였고, 1881년 한글 가사체로 된 용담유사龍潭遺詞를 간행하였다.

수운의 '시천주侍天主' 개념은 해월의 '사인여천事人如天'으로 이어진다. 수운이 말하는 시천주는 "하늘의 주인을 모신다"는 의미로서 모든 사람이 자신의 내면에 하늘, 즉 신적인 존재를 모시고 있다는 의미이다. 따라서 시천주는 인간을 포함한 '만물의 창조주'라는 기독교의 '신' 개념을 넘어선다. 기독교에서 만민평등은 "신 앞에서 모든 인간이 동등하다"는 것으로서 여기서 신은 인간 외부에 있는 초월적 존재이다. 이와 달리 동학에서는 인간 개개인이 하늘을 자신의 내면에 모시고 있기 때문에 "인간이 바로 하늘"이라는 의미에서 천인합일의 사상이다. 따라서 동학의 가르침에서는 모든 인간은 누구나 존엄하며, 모든 사람은 동등하고 평등하다. 해월은 수운의 시천주 사상을 계승하고 발전시켜, 이를 더욱 구체화한 '사인여천' 개념으로 제시한다. 사

아크

인여천은 "사람을 하늘처럼 섬긴다"는 뜻으로 하늘을 섬기듯 사람을 섬겨야 한다는 윤리적 가르침이다. 이 또한 모든 사람에게 신성한 하늘의 기운이 깃들어 있다는 '시천주'의 철학이 그 바탕에 있다. 더 나아가 사인여천은 단순한 신앙적 가르침을 넘어 실질적으로 모든 인간을 존중하고 평등하게 대우하라는 사회 실천적 윤리이다. 따라서 동학의 가르침은 기존의 성리학적 세계관을 뛰어넘고, 또한 서학기독교의 신 중심적 논리를 넘어 세계 내 모든 존재자의 평등, 그에 기초한 정의, 민중들 사이의 형제애와 연대를 외치는 것이었다. 이와 같이 시천주와 사인여천은 동학의 철학적 완성이자 동시에 천도교의 핵심 교리인 인내천人乃天, "사람이 곧 하늘"이라는 근본 사상으로 이어졌던 것이다.

해월은 '시천주'와 '사인여천'을 금과옥조로 삼아 수운을 계승하여 동학 교리를 체계화하고 민중이 쉽게 이해하고 실천할 수 있는 방법을 제시했다. 인간이 하늘처럼 존중받아야 한다는 사상은 계급과 신분 차별에 기반한 조선 사회에서, 신 앞에서 모든 인간의 평등을 외치는 서학보다 더더욱 혁명적인 사상이었다. 당연히 동학사상을 전파하고 사회 개혁을 외치는 해월의 생애는 끊임없는 박해와 고난으로 점철되었다. 해월은 조선 전역을 돌아다니며 동학을 전파했지만, 신분을 숨기고 은둔생활을 했으며, 가족과도 떨어져 지내야 했고 기본적인 생계조차 불안정한 생활을 할 수밖에 없었다. 그래서 해월의 별명은 '최보따

리'였다. 해월은 1898년 3월에 체포되었고, 그가 겪은 혹독한 고문은 육체만으로는 감당할 수 없는 것이었다. 그러나 해월이 겪은 고초는 단순히 개인적인 불행을 넘어 동학이 던진 메시지가 얼마나 근본적이고 강렬한 것이며 시대를 앞서는 것인지를 보여주는 것이었다.

처형되기 직전 해월의 모습을 보라. 퉁퉁 부은 발에 형편없이 야위었고 견딜 수 없는 육체적 정신적 고통을 당해 쓰러지기 직전의 퀭한 얼굴임에도 형형한 눈빛이 살아있다. 그런데 해월의 저고리는 한쪽으로 쏠려 있다. 해월을 다룬 책에서 그 이유는 다음과 같이 밝혀져 있다. "해월은 오랜 병환과 옥중 생활로 인해 제대로 앉을 수조차 없어 천도교도인 이 모 씨가 뒤에서 부축하고 있었는데, 러시아 공사 파블로프가 목침사진기로 플래시를 '탕'하고 터뜨리며 사진을 찍자, 이 아무개 교인이 총을 쏘는 줄 알고 주저앉으면서 해월의 등 뒤에서 저고리를 움켜잡고 해월을 받치고 있었다."[1] 그런데 이곳이 관사인 만큼 실제 이 교인은 형리라고 추정되며, 이 형리가 해월이 처형장으로 끌려 나오자 러시아 공사가 마지막 사진을 찍을 수 있도록 해월의 뒤에서 옷자락을 움켜잡아 쓰러지지 않게 붙들고 있다가 사진을 찍는 순간에 키로 해월의 등을 받쳐 두었기 때문에 저고리가 한쪽으로

---

1 최정간, 『해월 최시형가의 사람들: 동학 100년』, 웅진출판, 1994,
여기서는 https://blog.naver.com/egeyouri/223103613900에서 재인용.

쏠려 있었다고 보는 것이 맞을 듯하다.

이처럼 이 세상 그 어느 사람보다 더 비천한 모습으로 고통받은 종교의 지도자, 민족의 지도자, 그가 바로 해월 최시형이다. 이 사진은 극단의 고통 속에서도 빛나는, 인간의 최고 품격을 보여준다.

⟋ 그림 1. 처형 직전의 해월의 사진. 사진 뒷면에 '처교죄동학괴수최시형(處絞罪東學魁首崔時亨)', 아래에는 'Chai-See-Hung, Old Tong-Hak Leader, Awaiting Execution'('최시형, 나이 많은 동학의 지도자, 처형 대기중')이라 적혀 있다. 이미지 출처: https://m.usjournal.kr/news/newsview.php?ncode=1065575940470116php?ncode=1065575940470116

여기서 품격이라는 말을 사전적으로 정의하면, "물건의 좋고 나쁨의 정도"이며, 유사어로 '품위品位' 또는 '기품氣品'을 들 수 있다. 이때 '품격'이라는 말은 그 자체로는 가치 중립적인 말이다. 따라서 우리는 어떤 물건을 지칭할 때, 품격이 높은 물건, 낮은 물건이라고 말할 수 있다. 이 말을 사람에게도 적용한다면 품격이 높은 사람, 낮은 사람으로 구분할 수 있을 것이다. 그렇지만 품격이라는 말 자체가 이미 특정한 가치를 지향하는 방식으로 사용될 때에, 품격은 한 개인이나 사물, 행동, 또는 예술 작품이 가진 고유한 격조와 가치를 나타내는 말이 된다. 이때에는 "품격이 높다, 낮다"가 아니라, "품격이 있다, 없다"고 표현해야 한다. 이 경우 '품격'이라는 말을 사람에게 적용한다면, 품격은 사람으로서 마땅히 갖춰야 할 기품 또는 위엄이라는 의미를 뜻한다.

더 나아가 예술 작품과 연관시켜 보면, 품격은 아우라Aura라는 말과도 직접 연결된다. 일상에서 우리는 "저 사람은 아우라가 보통이 아니다"라는 말을 흔히 쓰곤 하는데, 이때 아우라는 벤야민Walter Benjamin, 1892-1940이 『기술복제시대의 예술작품』에서 말하듯이 원래 예술 작품이 제의의 목적으로 사용되었을 때, '가까이할 수 없음', '범접할 수 없음'에서 발생했던 것이다. 오래된 예술 작품은 의식Ritual에 쓰이기 위해 생겨났는데, 처음에는 주술적 의식에 쓰이다가 나중에는 종교적 의식에 쓰였다. 그리고 이러한 의식의 목적으로 사용되는 제의적 형상은 그 속성상 "아무리 가까이 있더라도 멀리 떨어져 있는 어떤 것"으로

머문다. 왜냐하면 제의적 형상은 내가 주술적 의식이나 종교적 의식을 치를 때 내가 숭배하거나 경배하는 신을 상징하거나 대리하는 것이고 그 때문에 가까이 있지만 가깝다고 여길 수 없는 것, 다시 말해 '범접할 수 없는 것'이다. 비록 그 형상을 구성하고 있는 재료가 우리에게 가까운 것, 친밀한 것이라 하더라도 이 가까움 또는 친밀함은 그 형상을 마주칠 때 그것이 멀게 느껴지는 것을 막지 못한다. 따라서 예술 작품의 아우라는 원래 그 예술 작품이 제의적 목적으로 사용되었을 때 우리가 느끼게 되는 '가까이할 수 없음' 또는 '범접할 수 없음'에서 발생했던 것이다. 제의적 형상으로서 내 앞에 있는 예술 작품은 내가 숭배하는 신, 또는 그의 대리인이며 그 앞에서 나는 두려움, 외경심을 느끼며 서 있는 것이다. 이러한 예술 작품이 지녔던 가치가 이른바 제의가치Kultwert이다.

2. 제의가치에서 전시가치로

그런데 예술 작품이 주술적 기능이나 종교적 기능으로부터 해방되고 난 후에도 아우라는 계속 존재한다. 이때에도 원본 예술 작품이 가진 유일성과 그에 바탕을 둔 '가까이할 수 없음', 또는 '범접할 수 없음'이 아우라가 잔존하는 바탕이다. 가령 레오나르도 다 빈치의 「모나리자」의 아우라는 화가 자신의 아틀리에에서 수행된 오랜 창작 과정, 즉 그 원본의 형성과정을 통해 모든 복사본과 구별되는 원본의 바로 그 유일성에서 발생하며, 또한 우리가 그 작품을 볼 수 있는 '이 순간 여기 이 장소'에서 발생한다. 위대한 예술 작품의 아우라는 여기서 발생하며, 우리가 느끼는 '모나리자'의 아우라는 이와 같이 감히 범접할 수 없는 고귀함, 고결함에서 발생했던 것이다. 이러한 점에서 아우라 속에는 예술 작품이 한때 제의적 행위와 연결하여 지니고 있었던 종교적 의미가 잔존하고 있다.

그러한 예술 작품의 범접할 수 없음을 지각하면서 나는 마치 주술적 단계에서 신 앞에 서 있는 어떤 사람처럼 그 예술 작품 앞에 외경심을 가지고 서 있게 되는 것이다. 따라서 어떤 예술 작품의 아우라는 유일무이한 대상으로서 그 예술 작품이 갖고 있는 성스러운 분위기를 지칭한다고 할 수 있다. 이렇게 예술 작품의 아우라적 존재방식, 다시 말해 진정한 예술 작품의 유일무이한 가치는 예술 작품이 원래 제의에 필요한 형상의 기능으로 사용되었다는 것에 토대를 둔다.

그런데 벤야민에 따르면 바로 이러한 일회성은 대량 기술 복제에 의해 상실된다. 이 일회성이란 예술 작품의 이곳과 여기, 즉 예술 작품이 자리 잡고 있는 장소에서 그것의 일회적인 현존재이다. 그런데 대량 기술 복제에 의해 원본의 일회적 현존재는 의미를 상실하며 원본과 복사본의 차이도 이제 더 이상 의미가 없다. 한 복사본은 다른 복사본과 동일하며, 파괴된다 해도 상실 없이 대체될 수 있다. 내가 오늘 여기서 보는 것을 다른 사람이 같은 시간에 다른 곳에서도 볼 수 있다. 그리고 누구나 언제든지 이렇게 대량으로 복제된 작품들을 이용할 수 있다. 그러한 작품은 처음부터 사적 용도로 쓰이기 위해 대량으로 만들어졌으며, 그것에는 예전의 예술 작품이 지닌, 멀리 떨어져 있다는, 따라서 범접할 수 없다는 근원적인 특성이 사라진다. 우리는 집 안으로까지 작품을 가까이 가져오며 이러한 상황은 이미 녹음을 통해 일어났다. 그다음에는 텔레비전을 통해서, 오늘날에는 벤야민이 인지하지 못했던 인터넷을 통해서 일어나고 있다. 이제 예술 작품이 예전에 지녔던 제의가치Kultwert 및 그와 결부된 권위는 어떤 것도 거의 남아 있지 않다. 그 자리에는 전시가치 Ausstellungswert가 들어선다. 벤야민에 따르면 "이 기술복제시대가 예술을 제의적 토대로부터 분리시키게 되자 예술의 자율성이라는 가상은 영원히 사라져 버렸다."

석기시대의 인간이 동굴의 벽에 그린 사슴은 일종의 주술적 도구였다. 그는 그 사슴을 다른 사람들 앞에서 전시했지만, 그 사슴은 본래 신령들에게 바쳐진 것이다. 이러한 제의가치는 예술 작품을 은밀한 곳에 숨겨두기를 요구한다. 예를 들어 어떤 신상들은 밀실에서 승려들에게만 접근이 허용되며, 어떤 성모상은 거의 일 년 내내 베일 속에 가려져 있고 또 중세 사원의 어떤 조각들은 지면에서는 보이지 않게 되어있다. 그런데 여러 예술 활동이 종교적 의식의 모태에서 해방됨에 따라 예술 활동의 산물들이 전시될 기회가 날로 커져 갔다. 이곳저곳으로 옮겨질 수 있는 흉상의 전시 가능성은 사원 내부의 일정한 장소에 붙박여 있는 신상의 전시 가능성보다 훨씬 더 크며, 패널화의 전시 가능성도 역시 이전의 모자이크나 벽화의 전시 가능성보다 더 크다. 그리고 예술 작품을 기술적으로 복제할 수 있는 여러 방법이 생기면서 예술 작품의 전시 가능성은 엄청나게 커졌다. 따라서 오늘날에서 예술 작품의 절대적 역점은 그 전시가치에 주어지면서 예술 작품은 전혀 새로운 기능을 가진 형상물이 된다. 즉 예술 작품은 제의 기능보다 예술적 기능을 가진 형상물이 된다.

벤야민은 전시가치가 제의가치를 전면적으로 밀어내는 새로운 예술 작품을 사진이라고 본다. 그리고 사진에서 제의가치가 마지막 저항을 하는 최후의 보루가 인간의 얼굴이다. 사진 속 상image의 제의적 가치는 멀리 있거나 이미 죽고 없는 사랑하는 사람을 기억하는 일종의 경배 의식Kult에 남아 있다. 초기 사진에서 나타난 인간사의 덧없는 표현에서 아우라는 마지막으로 빛을 발했다. 초기 사진에 나타난 우수에 가득 차 있어 그 어느 것과도 비교할 수 없는 아름다움을 형성하는 것이 바로 그것이었다. 그러나 사진에서 사람의 모습이 뒤로 물러나게 되면서 전시가치가 제의가치보다 우월한 지위를 차지하는데, 벤야민은 사람의 모습이 나타나지 않은 1900년경의 파리 거리를 찍은 아제 Eugène Atget, 1857-1927의 사진이 그 대표적인 예라고 지적한다. 이제 아우라는 사라진다그림 2. 왜냐하면 아우라는 항상 '지금 여기'에 결합되어 있어서 그것에 대한 어떠한 모상도 존재할 수 없는 것이었기 때문이다. 그런데 아제의 사진은 언제나 복제 가능하며, 원본과 복사본을 구별하는 것이 의미 없거나 불가능하다. 이러한 논리는 대량복제 시대, 벤야민의 용어로 기술복제 시대의 모든 예술 작품에서 마찬가지이다.

그림 2. Eugène Atget, 거리 풍경 (Rue St. Rustique), 1922년 3월, Printed 1956 by Berenice Abbott from Atget's negative toned gelatin silver print, 21.7 x 17.5 cm.

3. 아우라의 파괴와 예술의 정치화

그런데 본디 벤야민이 『기술복제시대의 예술작품』에서 말하고 자 했던 것은 대량복제 시대에는 아우라가 상실되지만, 오히려 아우라의 상실은 정치적인 관점에서 반길만한 가치가 있다는 사실이었다. 다시 말해 벤야민은 아우라의 상실을 부정적으로만 평가하지 않는다. 벤야민은 전통적 예술 작품에서 문제시되는 독창성, 창조성, 영원한 가치, 비의성 같은 개념이 항상 예술 작품의 일회성 및 아우라와 결합되어 있었다는 것을 지적하면서 . 파시스트들이 이러한 아우라적 예술을 정치 도구로써 이용하는 것을 목격한다. 말하자면 아우라적 예술을 마주할 때, 관찰자는 그것에 몰입하여 빠져들고 그럼으로써 자신이 발을 딛고 살고 있는 현 세계를 잊어버린다. 다시 말해 아우라적 예술은 관찰자 로 하여금 세계는 세계로서 그냥 놓아두기를 요구한다. 이렇게 아우라적 예술은 관찰자가 자신만 총체적으로 주목하게 만들며 바로 그 때문에 반사회적이다.

　벤야민에 따르면, 파시즘은 정치적 삶의 미학화와 아우라화를 성공적으로 수행한다. 파시즘은 관찰자에게 아름다운 예술 작품 을 보여주면서 현존 소유 관계, 더 나아가 현실의 부정의와 불평 등을 고착시키고자 하는 의도를 감춘다. 이렇게 아우라적 예술은 그 비정치적 성격 때문에 현존하는 것의 고착화에 봉사한다.

바로 이 때문에 벤야민은 정치의 미학화 대신에 다시 아우라의 파괴를 전제로 하는 '예술의 정치화'가 필요하다고 주장한다. 왜냐하면 자신의 아우라로부터 해방된 예술, 기술복제시대의 예술은 관찰자를 더 이상 경건한 관조에 머물러 있게 하지 않으며, 관찰자를 예술 자체에서 벗어나도록 유도한다. 그러한 예술은 관찰자를 '분산'시킨다. 또한 기술복제는 과거와는 전혀 다른 '대중'이라는 수용자를 만들어낸다. 벤야민에 따르자면 이렇게 '분산된 대중'이야말로 스스로 예술 작품 속에 침잠되는 대신에 예술 작품을 자신 속에 침잠시켜, 다시 말해 예술 작품의 아우라에 무비판적으로 빠지지 않고 스스로를 예술 작품의 마력으로부터 해방시킬 수 있다. 이렇게 하여 예술 작품의 기술적 복제 가능성은 예술을 대하는 대중의 태도를 변화시키게 된다는 것이다. "대중은 예술 작품을 대하는 일체의 전통적 태도가 새로운 모습을 하고 다시 태어나는 모태matrix이다." 또한 예술에 참여하는 대중의 수적 증가는 관찰자가 예술에 참여하는 방식까지 변화시켰다.

경건한 관조를 통해 예술 작품의 마력 또는 아우라에 빠져드는 관람자에서 벗어나 예술 작품을 여러 관계 속에서 또는 자신의 관점에서 포착하는 '분산된' 의식을 가진 대중에게 작품은 이제 경외하는 태도를 전혀 발생하지 못하게 하며, 이 때문에 관찰자는 처음부터 비판적인 입장과 심사審査하는 입장을 지닐 수 있게 된다. 이렇게 벤야민은 바로 기술적 복제 시대의 대표적인 예술로서 영화가 우리의 삶을 파시스트적 전개로부터 구제할 수 있다고 보는 것이며, 그렇지 못하더라도 최소한 관찰자를 진정시킬 수 있는 힘이 있다고 본다. 다시 말해 벤야민의 관점에서 보자면, 아우라적 예술을 탈피하고자 하는 작품에서 예술의 '품격'이 드러난다고도 할 수 있을 것이다.

4. 지도자와 품격

프랜시스 베이컨Francis Bacon, 1909-1992은 벨라스케스Diego Velázquez, 1599-1660의 「교황 이노센트 10세의 초상」Portrait of Pope Innocent X그림 3을 해체하고 재해석하여 종교적 권위와 권력의 상징인 교황의 이미지를 심리적 고통과 내적 갈등에 휩싸인 모습으로 변형시켰다그림 4. 베이컨의 초상화에서 교황은 권위와 위엄을 상징하는 인물이 아니라, 고통 속에서 외치는 인간으로 표현되고 있다. 이를 통해 베이컨은 인간 내면의 불안과 고통을 드러내고자 한다. 베이컨의 작품에서 교황은 종교적 권력의 최고 정점에 있는 인물, 절대적 권위를 상징하는 인물이 아니라, 권위와 무력함 사이의 모순에 사로잡힌 인물이며, 위엄 있는 지도자가 아니라 혼란과 고통 속에 갇힌 인물이다. 베이컨은 이 그림이 단순히 색감을 실험해 보기 위한 변명거리였다고 말하지만, 이 강렬한 작품 속에는 더 깊은 목적이 담겨있다고 볼 수 있다. 그림의 주요 요소는 어두운 색조와 교황의 무서운 표정이다. 비록 베이컨이 창작 의도를 명확히 밝히지 않았지만, 베이컨 자신이 무신론자로서 가진 신념이 작품에 반영되었음을 추측해 볼 수 있다. 작품에 등장하는 교황의 왜곡된 비인간적 모습은 베이컨이 종교적 신앙에 대해 가지는 반감을 표현했음을 암시한다.

이 작품은 주로 어두운 색조로 구성되었지만, 베이컨은 금색을 사용하여 다른 무언가를 강조하려는 듯 보인다. 그림의 색상은 주로 검은색, 보라색, 흰색으로 구성되어 있으며, 이는 부정적인 주제를 강조한다. 검은색은 종종 권위와 권력을 상징하고, 흰색은 냉정하고 차가운 느낌을 주며, 보라색은 퇴폐와 허영을 나타내는 경우가 많다. 이러한 색상 선택은 종교에 대한 베이컨의 무신론적 관점을 표현하기 위한 것이라 할 수 있다. 색상의 사용 외에도, 베이컨은 원작의 교황 얼굴을 완전히 왜곡, 변형시켰다. 교황의 표정은 절망 속에서 비명을 지를 것 같은 느낌을 전달한다. 이 비인간적인 교황의 모습을 통해 신의 존재가 오히려 인간에게 부패를 초래하고 불안과 고통을 가져왔다는 것, 이것이 베이컨의 의도라 할 수 있겠다.

또한 베이컨은 비인간적인 모습의 교황을 금빛 의자에 앉혀

⁄ 그림 3. Diego Velázquez, 66, Pope Innocent X, 1650, Oil on canvas, 141 x 119 cm, Galleria Doria Pamphilj, Rome, Italy

⁄ 그림 4. Francis Bacon, Study after Velázquez's Portrait of Pope Innocent X, 1953, Oil on Canvas , 153x 118 cm, Des Moines Art Center, Des Moines, IA, US

두었다. 금색은 종종 신성함과 진실을 상징하는 색이다. 여기서 베이컨은 신을 숭배하는 것보다 진실을 숭배하는 것이 중요하다는 메시지를 전하려 한 것으로 보인다. 여기서 품격이 없는 지도자를 '있는 그대로' 묘사하는 베이컨의 작품은 새로운 '리얼리즘'의 한 본령을 보여준다. 들뢰즈의 말처럼, 또는 데이비드 실베스터David Sylvester, 1921-2001의 말처럼, 베이컨의 그림은 감각과 내면의 리얼리티를 드러내는 새로운 유형의 리얼리즘, 내면의 진실을 묘사하는 방식이다.[2] 이처럼 예술 작품의 '품격'은 단순히 '아우라'를 만들어내는 데 있는 것이 아니라, 진실을 드러내는 데 있는 것이다. 겉으로 눈에 보이는 아름다움은 대중을 현혹하여 대중으로 하여금 자신만을 주목하라고 미혹하는 것이며 그러면서 대중으로 하여금 세상으로부터 눈을 돌리게 한다.

품격이 단순히 외형적 아름다움이나 재능을 넘어서, 내면적 깊이와 정신적 완성도를 의미한다고 할 때, 품격은 당연히 다음과 같은 요소들을 포함할 것이다. 첫째, 도덕적 고결함이다. 개인의 품격은 올바른 가치관과 도덕적 원칙을 바탕으로 행동할 때 나타난다. 둘째, 품격은 우아함, 절제된 태도, 균형 잡힌 자세와 표현을 통해 드러난다. 셋째, 품격은 외적인 조건보다는 내적인 성숙에 기반할 것이다. 넷째, 품격은 일시적인 유행이나 순간적 화려함이 아니라 시간이 지나도 변하지 않는, 지속 가능한 가치를 유지하는 데에서 나온다. 다섯째, 품격은 타인과의 관계 속에서 상대를 존중하고 배려하는 태도로 드러난다.

현재 우리의 동시대는 부정적인 의미에서의 '광기'가 긍정적인 의미의 '합리성'을 밀어내고, 새로운 야만이 인류가 만들어낸 모든 이성적이고 합리적인 문명과 인간적인 것을 집어삼키

---

2 David Sylvester, The Brutality of Fact. Interviews with Francis Bacon, Thames and Hudson Inc., 1991(1975), 여러 곳, 특히 172쪽 참조.

고 있다. 우크라이나와 가자지구 등 세계 곳곳에서 발생하는 대규모의 살상과 학살은 새로운 형태로 드러난 야만, '21세기 집단수용소'의 학살이라 불러야 하지 않겠는가? 더 나아가 대한민국의 정치 상황은 지금껏 유례없는 몰염치와 몰상식이 판을 친다. 품격을 잃은 동시대의 정치인들과 새로운 야만으로 달려가고 있는 동시대의 세계사적 상황에서 예술은 무엇을 할 것인가? 이 부조리와 야만을 고발하고 그에 저항하는 것. 이제 21세기 동시대의 미술은 세계사적 전환기에 놓여 있다고 말해야 한다.

예술 작품의 '품격'은
단순히 '아우라'를 만들어내는 데
있는 것이 아니라,
진실을 드러내는 데
있는 것이다.

박형준

부산에서 문학비평을 하고 있으며, 부산외국어대학교 한국어교육전공에서 학생
들을 가르치고 있다. 저서로 『로컬리티라는 환영』『함께 부서질 그대가 있다면』
『마음의 앙가주망』『독학자의 마음』 등이 있으며, 제1회 문화多평론상, 제6회 우
리문학회 학술상, 제38회 이주홍문학상 등을 수상했다.

고고함이 아니라
비루함에서

1

지난 몇 년간 나는 지독한 슬럼프를 겪었다. 남들이 볼 때는 조금 의아하게 생각할 수 있을지도 모르겠다. 모교의 전임교원이 되었고, 조금은 안정적인 환경에서 생활하며 연구할 수 있게 되었기 때문이다.

　나 역시 겉보기에는 직장인으로 담당 직무에 충실하면서, 연구자이자 비평가로서 논문도 쓰고 평론도 발표하며 아무 일 없는 듯이 지내고 있었다. 아무도 나에게 문제 제기하지 않았고 누구도 나에게 질문하지 않았으나, 내 마음 깊은 곳에는 한 가지 풀지 못한 숙제, 아니 피하고 싶은 문제가 남아 있었다. 바로, 부산을 대표하는 문사文士 중 한 명인 향파 이주홍의 일제 말기 행적과 관련한 문제이다.

향파 이주홍은 1906년 경상남도 합천에서 태어나 일제강점기에 시, 소설, 희곡, 아동문학, 만화 창작을 비롯하여, 잡지 편집과 장정 등 다양한 분야에서 활동했다. 특히 아동문학 분야에서의 족적은 한국 근현대문학사의 한 축을 차지할 만큼 분명하다. 해방 후 이주홍은 부산으로 직장을 옮겨 부산수산대학교現 국립부경대학교에서 교편을 잡으며, 문필가이자 교육자로서 지역 문화의 토대를 다지는 데 기여했으며, 그의 이러한 문화예술적 활동과 업적을 기려 부산의 뜻있는 이들이 모여 문학상을 제정하고 기념사업을 진행하고 있다.

올해로 마흔네 번째 수상자를 배출한 '이주홍문학상'과 스물세 번째 열린 '이주홍문학축전'이 그 역사의 실체이다. 나는 2017년에 발표한 「이주홍의 유인본 교과서와 문학교육-『新古國文選』을 중심으로-」라는 논문으로, 이듬해 오월 제38회 이주홍 문학상 문학연구부문을 수상했다.

그리고 후속 연구를 진행하며 향파 이주홍이 『동양지광東洋之光』에 대일 협력적인 작품을 발표했다는 사실을 확인하게 되었다. 덧붙이는 말들은 다 변명에 가까운 것들이고, 솔직히 말해 이 문제를 외면하고 싶은 마음이 가장 컸다. 지금도 그런 마음이 아예 없다고 할 수 없다. 고민에 고민을 거듭하다, 나는 연구와 비평 작업을 시작했다.

2

그 누구에게도 책임을 떠넘길 수 없었다. 주최 측에서 주는 상을 받았을 뿐, 해당 작가의 친일 혹은 대일 협력 문제는 '나'와 무관하다고 말할 수 없었다. 겸허한 자세로 합리적인 비판을 수용하고, 연구자이자 비평가로서 자기 성찰하며, 후속 연구와 비평을 통해 책임져야 할 부분을 감당해 가기로 마음먹었다.

이주홍문학상은 아흔 명에 가까운 수상자를 배출했으며, 여기에는 부산경남을 넘어 전국에서 손꼽히는 시인, 소설가, 아동문학가 등이 포함되어 있다. 반드시 문학 창작과 연구 성과에 대한 평가나 성취가 아니라도, 상 자체가 이미 부산경남의 단단한 문화적 뿌리이자 가지가 되고 있다.

부족한 점이 없지 않지만, 나 역시 향파 이주홍이 직접 편찬한 유인본 국어교과서를 발굴하는 연구를 통해 수상자 명단에 이름을 올렸다. 나는 수상 소감에서 "향파 이주홍의 삶과 문학적 가치를 아름답게 나누고 가꾸어갈 수 있도록 더욱 연구와 비평에 정진하라는 뜻으로 알고 노력하겠다"라는 말과 함께 감사의 마음을 표했다.

이후, 향파 이주홍을 대상으로 한 학술 분야 중에서 여전히 규명되지 못한 부분으로 남아 있는 해방 전/후의 교육 활동에 대한 후속 연구를 진행했으며, 이 과정에서 자연스럽게 일제 말기 이주홍의 문필/교육 활동에 이르게 되었다.

개인적인 조사와 연구 작업이 더해져야 했지만, 모교 은사인 류종렬 교수가 펴낸 『이주홍과 『동양지광』』세종출판사, 2017이 발간되어 일제 말기 이주홍의 삶에 조금은 수월하게 가닿을 수 있었다. 그 검토 내용과 소회에 대해서는 다른 글에서 자세히 밝혔으므로 대강하겠지만「향파 이주홍은 왜 친일을 고백하지 못했나?」, 『위로 : 아크·7』, 상지×호밀밭, 2023, 206-217, 솔직히 이만저만 실망스러운 게 아니었다.

십수 년을 이어온 이주홍문학상의 취지와 가치를 깎아내리고자 하는 게 아니다. 또 향파 이주홍 선생에게 실망한 것도 아니며, 누군가의 삶을 함부로 단죄하고자 하는 것은 더더욱 아니다. 공부가 충분히 무르익지 않았는데도 여러 편의 논문과 비평을 발표하며 연구자를 자처하고 있는 나 자신이 한심하게 느껴졌다. 심지어 이주홍문학상까지 받았으니 도대체 이렇게 감당 못할 행동이 어디에 있는가 말이다.

연구자 혹은 비평가가 세상사와 단절된 고고한 품격을 지닌 존재이기 때문이 아니라, 또 학문하는 사람이 친일과 반일의 경계에서 도도한 도덕적 판단을 내리는 재판관의 자격을 갖고 있기 때문이 아니라, 이 질척이는 밥벌이를 사수한다는 핑계로 그 얼마나 무지하고 게으른 방관자로 살았는지를 깨닫는 순간이었기 때문이다.

더욱 놀라운 것은, 지역의 주요 일간지와 문예 잡지에서도 그 오랜 세월 동안 이주홍의 친일 문제를 특집이나 토론의 의제로 삼지 않았고, 지역의 연구자와 비평가 대부분이 향파 이주홍의 생애와 향토 사회에 기여한 업적을 찬양할 뿐이었다. 물론 그들 틈에 내가 없었다고 말할 수 없다. 그 많던 부산의 연구자와 비평가는 어디로 갔을까?

심지어, 그동안 지사志士적 의지와 품격에 입각하여 부산경남 지역 문인들의 친일 행위를 낱낱이 밝히며, 그런 행위를 '부왜附倭'라는 강한 용어를 통해 비판한 칼날 같은 연구자조차도 유독 향파 이주홍에게만은 너그럽고 온정적인 태도를 보여주고 있다. 일제 말기 이주홍의 시와 소설을 분석한 기존 연구 역시 『동양지광』에 발표된 작품을 대체로 소극적, 수동적으로 해석하여, 일제에 협력적인 문필 활동에 대해 무의식적으로 면죄부를 부여하고 있다. 류종렬의 연구에 따르면, 『동양지광』에 수록된 시 「田園にて 전원에서」와 단편소설 「地獄案內 지옥안내」 등에 대한 기존 연구는 이 작품이 조선에서 조선인에 의해 창간된 친일적인 사상지인 『동양지광』에 발표된 작품이라는 점을 애써 무시하고 있는 케이스라고 보았다 류종렬, 『이주홍과 『동양지광』』, 세종출판사,

2017, 40~53.

오해하지 말 것은, 특정한 문학 작품의 해석과 판단이 '틀렸다'고 말하는 게 아니다. 개별 연구 성과에 도덕적 잣대를 갖다 대고자 하는 것도 아니다. 다만, 이와 같은 접근 방식이 문학 작품에서 '미학적인 것개별적인 것'과 '정치적인 것사회적인 것'을 분리/배제하여, 언제나 전자의 가치만을 부각한다는 점을 성찰하자는 것이다. 비록 사후적인 평가이긴 하지만, 일제에 협력적이었던 문인을 바라보는 지역 학계 및 평단의 어긋난 온정주의를 도처에서 확인할 수 있다. 연구자 개개인의 역량과 태도를 떠나서, 그러한 상징체계는 매우 견고하게 유지되고 있는 듯하다.

여기에는 대체로 두 가지 시각이 반영되어 있다. 첫째, 일제 시기 대일 협력 혹은 친일 행위는 향파 이주홍에 국한된 문제만이 아니며, 또 그 엄혹했던 시기의 부득이한 선택생활고 등을 인간적인 측면에서 이해하여야 한다는 태도이다. 둘째, 일제 시기의 대일 협력 행위와 해방 후 그것의 은폐와 침묵은 스스로 선택한 모순이 아니며, 식민지 시기를 살아낼 수밖에 없었던 연약한 지식인이자 예술가의 시대적 한계일 뿐이라는 입장이다.

안타깝고 답답한 마음이 든다. 향파 이주홍의 일제 말기 행적을 정확하게 이해하고자 하는 시도는 누군가의 삶을 헐뜯거나 응징하기 위한 것이 아니다. 한 가지 예를 들고 싶다. 양산시립박물관은 양산 지역을 대표하는 문필가로 이원수1911~1981를 전시 콘텐츠에 포함하고 있다. 이곳에서는 이원수를 "양산이 낳은 아동문학의 거목"으로 소개하면서도 "1942년 「지원병을 보내며」 등 친일작품을 발표"하기도 했다고 정확하게 기술하고 있다. 그렇다면 향파 이주홍의 경우는 어떠한가? 문학관에서도, 홈페이지에서도, 문학축전 자료집에서도 그러한 문구는 전혀 발견할 수 없다. 최소한 양산시립박물관의 '이원수 모델' 정도는 갖출 수 있기를 바랄 뿐이다.

일제에 대한 이주홍의 협력 활동을 어떻게 볼 것인가, 하는 문제는 충분한 연구와 토론이 이루어졌다고 볼 수 없다. 이 역사적 아젠다에 접근하는 관점, 방법, 내용에 대한 논의는 사실상 출발선에 서 있다. 그러므로 그의 생애와 문필 활동 전체를 놓고, 그 기간의 행적을 어떻게 평가할 것인가 하는 부분은 정교한 연구가 이루어져야 한다. 그러므로 향파 이주홍의 근현대사 서술에서 확인되는 식민사관, 그리고 기존의 연구 성과에서 드러난 일제에 대한 협력 양상, 역사인식과 실천 사이의 모순 등을 종합적으로 판단하기 위한 연구와 비평 작업이 필요하다.

작년2023년 12월에 같은 매거진의 지면에 발표한 「향파 이주홍은 왜 친일을 고백하지 못했나?」는 이런 내적 맥락과 요청에 의해 쓰여졌고, 그것의 학술적 토대는 서용태·박형준, 「해방 직후 이주홍의 『初等國史』 편찬과 고대사 서술의 함의」『한국민족문화』 85집, 한국민족문화연구소, 2023.5와 박형준·서용태, 「이주홍의 식민지 역사 서술과 분열 양상-『初等國史』와 『東洋之光』을 중심으로-」『우리문학연구』 80집, 우리문학회, 2023.10 등을 통해 마련되었다.

비평문을 쓰기에 앞서 한국 근현대사 전공자인 서용태 선생과 향파 이주홍의 역사교육 및 역사인식을 고찰하기 위한 공부와 논문 작업을 진행했고, 두 연구자가 힘을 모아 작은 학술적 성과를 제출할 수 있었다. 최근에는 인문학 분야에서도 공동연구가 종종 이루어지긴 하지만, 전통적인 문사철 영역에서는 자주 경험할 수 있는 일은 아니다. 나는 '한국문학 전공자'만의 시각과 한계로 인해 놓치거나 과장할 수도 있는 부분을 '한국 근현대사 전공자'의 관점과 역량을 결합하여 보완하고 균형을 갖추고자 했다.

그럼에도 불구하고, 이 주제의 연구는 쉽지 않았고 여전히 간단치 않다. 다른 이유가 아니라, 사실 나 역시 이를 표나게 다루고 싶지 않기 때문이다. 부끄럽지만, 지역 사회 내부에서 지금까지 쉬쉬하던 이야기를 굳이 내가 왜 쟁점화해야 하는 것일까, 하는 못난 생각을 했었다. 학문을 갈고닦는 사람, 즉 인문학 연구자로서의 품격을 갖추었다고 말하기에는 한참 모자란다.

지난 몇 년간 슬럼프를 겪으며, 나는 늘 생각했다. 연구자란 무엇인가? 연구자의 품격은 어떠해야 하는가? 약간 과장되게 이야기한다면, 연구자란 본인의 소신에 따라 직장을 그만둘 마음의 준비를 하고서라도, 혹은 지금까지 쌓아놓은 지역 사회 안

밖의 인적 자원과 관계를 모조리 무를 수도 있다는 각오를 하면서까지도 학문적 사명을 관철하고자 하는 존재일까? 그러한 강단 있는 독립성이 연구자에게 요구되는 품격인 것일까? 아무래도, 밥벌이를 지키고 싶은 나는 그 정도의 고고한 품격은 갖추지 못한 것 같다.

3

지난해 「향파 이주홍은 왜 친일을 고백하지 못했나?」를 발표한 후 이주홍의 친일 문필 활동에 대한 보도와 평문이 일부 나오기도 했으나, 여전히 이 문제는 지역 사회 내외부에서 담론화되지 못하고 있다. 언론도, 학계도, 평단도 크게 다르지 않다.

학자는 지성인으로서 품위가 있어야 한다는 말을 가끔 듣는다. 그러나 세상이 어떻게 돌아가든 말든 아무 말도 하지 않고 자기만의 연구 공간에서 글만 쓴다고 해서 '연구자의 품격'이 만들어지는 것은 아니다.

많은 사람들에게 환영받지 못할 것을 알면서도, 혹은 나 자신의 공부와 행동이 모순에 빠질 수도 있다는 사실을 예감하면서도 반드시 써야 할 글이 있는데, 아마도 그게 비평이라는 탐구 방식과 글쓰기가 아닐까. 우리 시대에 여전히 비평이 필요하다면, 그런 것이 아닐까.

이 글이 무슨 회고담처럼 읽히게 될까 조심스럽지만—그렇게 되면 정말 곤혹스럽지만—, 그간 마음을 졸인 경우가 적지 않았다. 누군가의 동반자로서 누군가의 부모로서 밥벌이를 지키기 위해 고군분투해 왔다. 아니, 고군분투라는 말은 너무 근사한 표현이라 적당하지 않은 것 같다.

어쩌면 이 과정은 인문학 연구자의 '지속 가능성'을 확보하기 위한 과정처럼 포장될 수도 있겠지만, 현실은 그렇게 아름답고 숭고하지 못하다. 밥벌이란 대체로 찌질하고 비루한 순간이 더 많다. 그 질척이는 밥벌이의 시간 동안 나는 교수업적 평가의 대상이 되는 교육, 연구, 봉사 영역에서 내가 가진 것 이상의 역량을 '증명'하기 위해 스스로를 채찍질했으며, 지금도 다르다고 말하기 어렵다.

국내 학령인구의 감소로 인해 지역대학이 어려움을 겪고 있긴 하지만, 매달 따박따박 급여를 받으며 학생들을 가르치고 연구할 수 있으니, 그것만으로도 감사해야 할 일인지도 모르겠다. 또 그런 마음이 아예 없는 것도 아니다. 하지만, 과연 그것으로 충분한 것인가? 밥 없이는 살 수 없지만, 밥만으로 살 수도 없는 법이다. 나처럼 연구와 비평을 직업으로 삼고 있는 사람이 아니라 하더라도 말이다.

어쩌면 우리는 현실의 경계를 초월한 고고함이 아니라 비루

아크

한 것들의 축제 속에서 각자의 품격을 만들어가고 있는 것은 아닐까. 온갖 비천하고 남루한 마음들이 살을 파고드는 차가운 계절이다.

조재휘

'문화 강국'과 '아름다운 나라'는 가능한가?
- '품위'를 잃어가는 한국 영화의 우울한 풍경들

이상헌

춤, 품격의 동시대 가치

박찬일

식당에서 일어나는 품위의 순간들

조봉권

끼조조와 오종종을 넘어…
통통숲에서 만나요

정훈

이 학교를 보라
- 명문(名門)의 정신과 형식

이성철

마르얀 언덕의 훈풍
: 길 위에서 만난 품격들

조재휘

영화평론가로 씨네 21 필진이자 국제신문에 영화 칼럼을 연재 중이다. 영화 〈아가
씨〉 2016 메이킹 북 『아가씨 아카입』을 집필했고 전주국제영화제, 부천국제영
화제 모더레이터, 부산국제영화제 대중화위원회 POP-COM 진행위원, 영화진
흥위원회 영화제 평가위원 등 영화와 관련된 여러 분야에서 활동 중이며 2020년
『시네마 리바이벌』을 펴냈다.

'문화 강국'과 '아름다운 나라'는 가능한가?
- '품위'를 잃어가는 한국 영화의 우울한 풍경들

'나는 우리나라가 세계에서 가장 아름다운 나라가 되기를 원한다. 중략 우리의 부력은 우리의 생활을 풍족히 할 만하고 우리의 강력은 남의 침략을 막을 만하면 족하다. 오직 한없이 가지고 싶은 것은 높은 문화의 힘이다. 문화의 힘은 우리 자신을 행복되게 하고 나아가서 남에게 행복을 주겠기 때문이다. 중략 인류의 이 정신을 배양하는 것은 오직 문화이다. 나는 우리나라가 남의 것을 모방하는 나라가 되지 말고, 이러한 높고 새로운 문화의 근원이 되고, 목표가 되고, 모범이 되기를 원한다. 그래서 진정한 세계의 평화가 우리나라에서, 우리로 말미암아 세계에 실현되기를 원한다.'

『백범일지』를 오랜만에 다시 펼쳐본다. 김구1876~1949 선생의 글 중에서도 가장 유명하고 널리 인용되는 건 아마도 부록으로 수록된 '나의 소원'일 것이다. 온 세상이 부국강병富國强兵을 추구한 제국주의와 식민 지배의 역사를 온몸으로 겪은 독립운동가이면서도 '오직 한없이 가지고 싶은 것'은 '높은 문화의 힘'이라며 단지 군사적, 경제적 부흥에만 그치지 않고 그걸 넘어서는 '아름다운 나라', 당시로선 몽상夢想에 가까웠을 비전의 실현을 바랐던 고매한 사상가의 혜안慧眼이 돋보이는 명문이 아닐 수 없다.아들 김신의 증언에 따르면 춘원 이광수의 윤문이 가미되었다고 하지만 이상주의자의 순수한 기풍氣風이 흘러넘치는 이 글은 부박한 현실에 치이고 매여 살아가는, 그래서 어느 순간 꿈과 이상을 입에 담기 어려워하게 된 지식인의 남루한 내면을 부끄럽게 하고도 남음이 있다.

'문화의 힘'을 가진 나라, '새로운 문화의 근원'이자 '모범'이 되는 나라가 되자며 국가의 새로운 이념형을 손가락으로 지시하듯 가리켰던 이 글은 지금의 시점에 와서는 어떤 예언처럼 받아들여진다. <기생충>2019이 마치 한국 영화 100주년을 기념하듯 절묘한 시기에 칸영화제 그랑프리와 아카데미를 석권하고, 넷플릭스 시리즈인 <오징어 게임>2021이 일대 센세이션을 일으키며, 한때 한류韓流를 논하던 시절과는 비교할 수 없으리만치 한국의 연예계가 전 세계적인 파급력을 끼치며 국제적 위상을 갖게 되었고, 이 글을 쓰는 시점에서 불과 며칠 전, 소설가 한강이 노벨문학상을 수상하기에 이르렀으니 마치 장래에 있을 한국의 잠재적 현실을 미리 예견이라도 한 것이 아닐까 싶어질 지경이다.

그러나 한편으로는, 이 글을 새롭게 다시 읽으면서 어딘가 모종의 불편함을 느꼈음 또한 밝히고 싶다. 선생이 희구希求했던 '아름다운 나라'가 부강할 뿐만 아니라 '문화'를 겸비한 국가상을 가리킴은 의문의 여지가 없지만, 그동안 당연시하며 받아 들여왔던 문화의 '힘'이란 표현에서 다소 고개를 갸웃거리게 된다. 공교롭게도 '나의 소원'에서 문화는 국가의 부, 그리고 군사력과 마찬가지로 '힘', 즉 양적 계량화가 가능한 '크기'의 '정도'를 상정하고 있기 때문이다. 문화는 마라톤 경주가 아니다. 누군가 대놓고 세계의 이목을 끌지 못하거나 돈으로 환산되지 못한다고 해서 어떤 문화 양식이 의미가 없고 저열한 것이라는 식으로 말한다면 완전히 난센스에 지나지 않는다. 문화의 수준 차이, 우월함과 열등함을 마치 저울에 물건의 무게를 재듯 측정하고 가늠하는 것, 문화를 두고 국가 간 경쟁우위의 척도로 삼는다는 것이 과연 얼마나 타당성 있고 유효한 생각인 것일까?

그럼에도 오늘날 한국 사회에서 우리가 접하는 문화를 둘러싼 온갖 언어들을 곰곰이 뜯어보면 그 이면에 깔린 의식구조가 놀라우리만치 정복의 군사적 뉘앙스를 띠며, 자본이 부추기는 경쟁사회의 성과주의 논리에 철저히 복무하고 있음에 새삼 놀라게 된다. 'K-드라마' 혹은 'K-아이돌'이 거두는 국제적인 성취에 열광하는 건 어쩌면 문화가 같은 다양한 의미와 향유의 층위들을 밀어버리고, 상업적 성과의 정도가 곧 문화의 우수성에 비례한다는 시장주의적인 발상에 기대는 우리 사회 인식의 천박함을 자인하는 것이 아닐까? 그리고 이러한 인식, 즉 문화의 강하고 약함을 판단하는 척도가 있다는 식의 생각은 김구 선생 본연의 의도와는 달리 70년 가까운 세월이 흐르도록 우리의 인식 저변에 깔린 사고방식의 연장 끝에 도달한 슬픈 귀결이 아닐까?

한국 영화의 밑바닥 - 대세에의 순응과 결핍된 다양성

영화 쪽으로 시선을 돌려보자. 영화진흥위원회는 「영화 및 비디오물의 진흥에 관한 법률」 제38조 제1항 제2호와 관련한 예술영화 인정을 위하여 '독립·예술영화 인정 등에 관한 소위원회'를 구성하고 인정 심사를 진행하고 있다. 매달 신청되는 장편 단편 포함해 평균 3~40편에 달하는 편수의 영화 중, 심사과정을 통해 예술영화 전용 상영관에 걸기 적합하다 판단되는 영화를 관련한 복수의 전문가로 꾸려진 소위원회에서 논의를 거친 끝에 추려내 선정한다. 2년간 인정소위 위원으로 있으면서 놀랐던 것은 엄연한 장르영화로 구분해야 할 성격의 영화들, 블록버스터는 아니더라도 난해하지 않고 대중의 선택을 받을 법한 웰메이드 영화들이 여럿 심사 대상으로 올라오는 경우였다. 한두 차례 드문드문 있을 법한 예외가 아니라 매번 그러했다.

이유는 간단했다. 한국 영화든, 해외 영화든 주류 블록버스터에 독점이다시피 상영관을 몰아주고, 그런 가운데 관객 또한 화제작으로만 몰려가는 한국 멀티플렉스의 기형적인 구조로 인해 상영관을 얻지 못하는 영화의 제작사, 배급사, 수입사들이 숨 쉴 틈새를 찾아 예술영화 인정을 신청했던 것이다. 이러한 상황은 관행이 되다시피 해서 심사 기준 1. 작가영화를 비롯해 창작자의 독창적 세계와 실험적 시도가 돋보이는 영화, 2. 다양한 개인, 집단, 사회, 국가를 다룸으로써 교류를 증진하는 영화, 3. 사회·문화적 유산으로 폭넓은 공유와 지속적 보존이 요구되는 영화을 엄격하게 적용하자면 심사 대상으로 들어와선 안 되는 영화를 마지못해 받아줘야 하는 일이 비일비재했고, 이에 적잖은 회의감을 느끼곤 했다. 물론 대중영화에 관객이 몰리고 독립영화 내지 예술영화를 찾는 발길이 드문 것은 영화예술에 대한 자부심이 큰 프랑스와 같은 유럽 국가들에서도 흔하게 나타나는 보편적인 현상이다. 그러나 한국의 경우는 선을 넘어도 한참 넘었다는 말이 과하게 여겨지지 않을 만큼 심각하다는데 문제의 핵심이 있다.

미국과 유럽, 심지어 바로 옆 동네인 일본의 멀티플렉스를 돌아다녀 봐도 어느 곳 하나 한 편의 영화를 두 개 관 이상 걸어 놓은 곳을 찾을 수가 없었다. 간혹 있다면 그것은 IMAX/4DX와 같은 특수관이 배정되어 있거나 자막과 더빙 상영을 별개의 상영관으로 나누는 경우인데 그마저도 드문 편이었고, 남은 상영관은 다른 영화들에 골고루 할당되어 종종 시네마테크에 걸릴 법한 고전영화의 리마스터링 복원판 재개봉이나, 독립예술영화 전용관으로 갈 다큐멘터리도 당당히 한 자리를 차지하고 있는 걸 목격하곤 했다. 해외의 멀티플렉스Multiplex는 문자 그대로 '복합'Multi 상영관 본연의 역할을 하고 있었던 것이다. 그럼에도 일반적인 영화관에서 상영의 기회를 얻지 못한 영화들에게는 코로나를 기점으로 나날이 세를 잃고 있지만 동네의 전통 있는 소규모 극장이나 각지에 활성화된 시네마테크 내지 미니시어터를 통해 관객을 만날 길이 열려있었다. 말이 같은 멀티플렉스이지 판이하게 운영되는 실상을 비교해 보면서 지인에게 농담 삼아 "한국의 극장은 멀티플렉스가 아니라 '모노플렉스'Mono-plex다" 며 쓰게 웃곤 했던 기억이 선하다.

이처럼 과도한 독과점과 대중 취향의 쏠림 현상은 보다 다양한 작품을 시도하고자 하는 창작자의 손발을 묶는다는 점에서 장기적으로 영화 생태계를 파괴하는 위험성으로 작용한다. 한국 영화 르네상스의 시기에 데뷔해 영화에 조금이라도 관심 있는 사람이라면 제목을 듣고 바로 알 법한 커리어를 지닌 어느 감독은 필자와의 대화에서 저예산에 신인배우를 중점적으로 기용해 만든 신작이 제대로 홍보되지 않고 상영관을 얻지 못할지도 모른다는 현실에 당혹스러움과 실망감을 토로했다. 심지어 제작비와 마케팅비를 합쳐 20억 초반대의 저예산이긴 마찬가지였던 그의 전작이 손익분기점의 네 배를 넘는 260만 관객의 고무적인 성적을 기록했음에도 극장은 주연급 유명 배우가 캐스팅된 대작이 아니면 좀처럼 상영관을 내어주지 않으려 했고, 마찬가지로 마케팅에 지출할 비용이 넉넉지 않은 저예산 영화에는 대중에게 노출될 적절한 홍보의 기회조차 제대로 주어지지 않았다. 그 말고도 70억 대의 중간 규모 예산으로 준수한 장르 영화를 뽑아낸 어느 신진 감독 역시 이러한 추세에 밀려 온당한 비평의 관심마저 받지 못했다. 이러한 업계의 경향은 극장의 불황이 찾아온 지금에 와서도 가속화되면 가속화되었지 전혀 변화할 기미를 보이지 않고 있다.

이윤 증대의 극대화에 골몰할 뿐, 다양성의 확보를 통한 생태계의 지속과 안정에는 관심이 없는 영화산업의 부패한 흐름은 그로 인해 획일화된 취향의 관객을 낳고, 그런 관객의 요구에 따라 영화가 기획되면서 나날이 영화의 질은 떨어져가고 창작자가 운신할 입지는 날이 갈수록 좁아져가는 악순환. 자, 이것이 소위 '보이지 않는 손' 운운의 시장주의 논리를 맹신하면서 당장의 과실에만 취해있던 한국 영화계가 봉착한 현실이다. 천박해질 대로 천박해진 업계 일각의 인식대로 흥행 성적이 영화의 질을 담보하는 것이라면 <범죄도시 4>2024는 뛰어난 작품성과 예술성을 지닌, 한국 영화의 수준을 대변하는 우수한 영화인 것인가? 현재 한국에는 '문화상품'으로서의 영화만 있을 뿐, 실상 '영화문화'는 실종되거나 없어져가고 있으며, 그래서 한때 웰메이드를 추구했던 상업영화의 '품위'는 기준선에 미달하다 못해 견딜 수 없는 바닥을 향해 치달아간다. 정작 독립영화와 예술영화, B무비와 고전을 골고루 아우르는 취향의 스펙트럼은 없고 오로지 주류 상업영화 프랜차이즈만이 승리를 구가하는 현 상황을 두고 과연 문화 선진국이며 영화 강국이라 자신할 수 있는 것일까?

영화제의 경우 - '문화 강국'을 말하지만 '문화'를 탄압하는 모순의 나라

<대부 3>1990에서 머잖아 차기 교황 요한 바오로 1세가 될 바티칸의 주교 람베르토는 '대부' 마이클 콜레오네알 파치노와 산책하던 도중 연못의 조약돌을 꺼내 반으로 쪼개고는 다음과 같이 말한다.

> "이 조약돌을 보시오. 그토록 오랜 시간 동안 물속에 들어있었지만, 안으론 물이 전혀 스며들질 않았소. 보시오. 바짝 말라 있지요? 그간 유럽에서도 똑같은 일이 일어났소. 사람들이 기독교 문화에 젖어 산 지가 수 세기인데 예수의 말씀이 가슴에 깃들지 않았고, 마음에 예수가 계시지도 않아요."

제29회 부산국제영화제의 폐막식이 있은 날, 불현듯 <대부 3>의 이 장면을 떠올렸다. 내년이면 영화제가 창립한 지 어언 30년, '변방인 한국에서 무슨 국제영화제를 하는가?'라는 초기의 우려를 불식시키며 부산국제영화제는 안정적으로 자리를 잡았고, 사반세기를 넘어 한 세대가 지나는 세월을 맞는 것이기에 그 의의는 실로 적지 않을 것이다. 달리 생각해 보면 영화제를 처음 개최한 1996년에 20대 청년이었던 사람은 50세가 되어 제30회 영화제를 맞게 된다. 90년대에 관료 생활을 시작한 사람이 중장년층이 되고, 그 무렵에 태어난 이들은 어엿한 성년이 되었다. 다시 말해 시민 사회가 영화제와 관객문화를 자연스러운 생활의 일부로 받아들이기에 충분할 만큼의 시간과 역사가 축적된 셈이다. 그리고 윤석열 정권이 2년을 넘긴 지금, 한국의 크고 작은 영화제들은 존립 자체를 걱정해야 하는 절벽으로 내몰리고 있다.

2021년 11월 대통령 후보 수락 연설에서 당시 윤석열 후보는 '문화 강국' 건설을 약속했다. 현실은 말한 바와는 정반대로 돌아갔다. 점진적인 증가 추세였던 '국내외 영화제 육성' 예산은 현 정권에 들어서 56억 원에서 28억 원으로 대폭 깎여나갔고, '지역 영화 문화 활성화 지원' 예산은 그나마 있던 12억 원에서 아예 폐지되었다. 가와세 나오미 감독이 주도하는 나라국제영화제처럼 일절의 국비나 시비 없이 자체적으로 재원을 조달하고 신진작가들의 작품을 지원하느라 격년제로 치르는 극히 예외적인 경우 아니면 해외의 국제영화제들은 대체로 국비 지원과 스폰서 후원을 통해 운영 재원을 확보한다. 칸영화제나 베니스영화제의 경우는 전체 운영예산의 5~60%, 베를린은 80% 비중을 국비와 시비가 차지하고, 도쿄국제영화제나 토론토국제영화제는 2~30% 선을 유지한다. '지원은 하되 간섭은 하지 않는다'라는 말로 널리 알려진, 영국 정부가 1946년 설립한 대영예술위원회의 재정지원 원칙에서 짐작할 수 있듯, 해외 영화제들이 중앙 정부와 지자체로부터 얻는 지원은 영화문화의 전통에 대한 존중이 바탕에 깔려있어 상대적으로 안정성이 있는 편이다. 반면 한국의 영화제들은 정치적 상황의 변화와 지자체장 개인의 의사가 끼치는 영향으로 등락하는 일이 빈번하고, 국비와 시비 어느 한 쪽이라도 줄어들면 운영에 적잖은 타격을 받게 된다. 부산국제영화제의 예를 들면 2017년 6.5%에서 점진적으로 증액되어 2021년 이후 국비지원이 전체 예산에서 차지하는 비중은 12%로 올랐었지만, 2024년에는 5%대로 떨어지고 말았다.

국비 지원이 지난해의 절반을 밑도는 대대적인 삭감이 현실화되면서 영화제들은 각자도생各自圖生 마냥 알아서 살 길을 도모해야 하는 상황에 직면했다. 부천국제판타스틱영화제와 부산국제영화제의 경우는 국비 비중이 줄어들었지만 대체로 평년 수준의 규모를 유지한 채 영화제를 무사히 마칠 수 있었는데, 부천의 경우는 시 지자체에서 영화제가 갖는 도시 브랜딩 가치를 인식해 다른 시민 행사의 비중을 축소하거나 개최하지 않고 그 비용을 영화제에 대한 시비 지원으로 돌려 삭감된 국비의 리스크를 최소화했으며, 부산국제영화제는 '영화제의 정체성을 잃은 것인가?'라는 비판을 감수하고 <전,란>2024을 개막작으로 선정하며 넷플릭스와의 스폰서 관계를 강화하는 등, 민간 기업의 후원을 확대하는 방향으로 나아갔다. 기자회견 자리에서 박도신 부산국제영화제 부집행위원장은 "역대 개막작 중 가장 대중적인 영화로, OTT 영화라는 점 때문에 고민하지는 않았고 작품 자체로 판단"했으며 "관객이 얼마나 즐길 수 있을지가 중요 기준"이라 선정의 변을 밝혔는데, 이는 역으로 외부의 정치적 파장이 작품성과 예술성을 중시해야 하는 영화제 운영의 철학을 해치는 결과로 이어지는 현실을 반증한다. 운영 리스크를 줄이고자 타개책을 강구하는 국제영화제들은 그나마 사정이 나은 편이고, 민간 후원을 끌어들이기 어려워 전적으로 지원에 매달려야 하는 중소영화제들은 지속은커녕 존립 자체를 걱정하는 지경이다.

－

한국의 영화제들이 고질적으로 안고 있는 근본적인 리스크는 지도자 리스크이다. 정부 수반에서 지자체장에 이르기까지 영화제를 문화 인프라이자 공공재이며 공적 의무로 바라보는 이해, 부산국제영화제 창립 이래 30년에 이르는 한국의 영화제 역사와 전통에 대한 존중은 좀처럼 보이지 않는다. 영화제뿐 아니라 문화 관련 예산을 자신들의 입맛대로 베풀고 거둘 수 있는 시혜 정도로 여기는 낙후된 인식이 곳곳에서 문제를 낳고 있다. 한편 경쟁력이 없다는 이유로 '국내외 영화제 육성' 예산 지원 대상을 기존 40개 영화제에서 20여 개로 줄였던 문체부는 작년, 한국 영화 투자·제작 활성화를 위한 영상전문투자조합 출자 예산을 80억 원에서 내년 250억 원으로 늘리고, 온라인 동영상 서비스OTT를 비롯해 영화, 드라마 등 투자 대상에 제한이 없는 '콘텐츠 전략펀드' 예산 450억 원을 신설할 것임을 발표했다. 요컨대 경제적 효과가 있고 성과를 거둘 수 있는 쪽에만 예산을 몰아주겠다는 것이다.

문화 부문의 머리 위에 정치권력이 올라타 앉아있는 잘못된 구조가 고쳐지지 않는 가운데, 오로지 경제적 이익과 효율의 관점에서만 영화제를 바라보는 시선이 관료사회 전반에 팽배한 이상, 이러한 파국적 행태는 언제든 반복될 것이다. 한국 영화 르네상스와 국제영화제의 역사가 한 세대의 세월을 거쳐 왔지만, 관광이나 일자리 창출의 역할을 요구하며 영화제를 돈벌이 또는 치적의 일부로만 바라보는 정치와 행정의 시대착오성, 인간 삶에 있어서 문화가 갖는 중요성과 필요를 전혀 이해하지 못하는 몰지각과 몰이해를 개선하기에 30년의 시간은 턱없이 모자랐던 것인지도 모르겠다. 앞서 언급한 <대부 3>의 한 장면에서 주교의 말처럼 그토록 오랜 시간 동안 영화제의 시간과 함께해왔음에도, 사람들 안으로는 영화문화의 기풍, '시네마 리터러시'Cinema Literacy가 전혀 스며들지 않았다는 회의감이 들어도 전혀 이상한 일이 아니다.

　『백범일지』의 말미에 김구 선생이 바라 마지않은, '높은 문화의 힘'에 의한 '아름다운 나라'의 화두를 다시금 참구參究해본다. 아마도 그것은 생존과 돈의 논리에 과하게 목매고 얽매이지 않는 여유를 가진 사회, 안정적인 물적 토대를 기반으로 문화가 성장하고, 모두가 문화생활을 통해 인간성을 한 차원 더 높은 차원으로 고양시키며, 그러한 성숙한 개개인이 모여 '품위'있는 시민사회, '품격'있는 민족국가로 나아가는 미래의 유토피아에 대한 희망이었을 것이다. 진흙 속에서 연꽃이 피어오를 수 있듯, 언젠가 우리가, 우리 사회가 지금의 질곡을 딛고 서서, 아직 도래하지 않았지만 밝아오는 '아름다운 나라'의 여명을 바라볼 수 있기를 바랄 따름이다.

아크

생존과 돈의 논리에 과하게 목매고
얽매이지 않는 여유를 가진 사회,
안정적인 물적 토대를 기반으로
문화가 성장하고,
모두가 문화생활을 통해 인간성을
한 차원 더 높은 차원으로 고양시키며,
그러한 성숙한 개개인이 모여
'품위'있는 시민 사회,
'품격'있는 민족국가로 나아가는
미래의 유토피아에 대한
희망이었을 것이다.

이상헌

춤 비평가. 미술을 전공하고 무대 디자인으로 공연 판에 발을 디뎠다. 공연 기획
자를 거쳐 2017년 한국춤비평가회 비평 신인상 공모에 당선. 국제신문 칼럼 〈이
상헌의 부산 춤 이야기〉 34회 연재, 춤 전문 웹진 「댄스포스트코리아」 필진, '정
치·미학 연구회' 회원이다. 저서로는 『처음 추는 춤』 『21세기 부산 무용가 1』 공
저 『부산시립무용단 50년사』가 있다.

춤, 품격의
동시대 가치

소비하고 소모되는 춤[1] 의 시대

지난 9월 24일 음악 전문 채널 M-net에서 남자 무용수 서바이벌 프로그램 <스테이지 파이터>가 시작했다. 현대무용, 한국무용, 발레 전공 남성 무용수들이 출연해 경쟁하는 형식인데, '치열한 계급 쟁탈 끝에 정상에 오를 주인공은? 몸으로 싸우는 무용수들의 잔혹한 계급 전쟁 스테이지'를 내세우며 시청자의 관

---

1   우리말 '춤'과 일본에서 번역한 한자어 '무용(舞踊)' 중 어떤 것을 사용해야 하는
    가에 관한 논의가 있었지만, 뚜렷한 합의를 하지 못했다. 현재 무용계에서는 두
    용어를 혼용해서 쓰고 있다. 이 글에서도 '춤'과 '무용'을 혼용할 것이며, 두 단어
    의 의미는 같다.

심을 끌고 있다. 이보다 앞선 2013년 현대무용 전공자들의 경쟁 프로그램 <댄싱 9>가 인기를 끌어 시즌 3까지 제작된 적이 있다. 현대무용가 김설진이 이 프로그램에 출연해 이름을 알린 무용가이다. 춤의 품격을 이야기하는 자리에서 무용가가 대중 앞에서 경쟁하는 프로그램을 말한 이유는 최근 들어 기초예술이든 대중예술이든 상관없이 춤이 관심을 받고 있다는 사실을 짚으려는 것이다. 아마도 단군 이래 요즘같이 춤이 널리 확산된 시대가 없을 것 같아서 지금을 '춤의 시대'로 불러도 무리가 없을 듯하다. 춤을 감상하는 데 그치지 않고, 쉽게 체험할 수 있는 시대에 춤의 품격이 어떤 의미가 있을까? 대중은 이미 춤을 기호품처럼 소비하고 있는데, 품격을 따지는 것이 시대 흐름에 맞는 것일지도 의문이다. 다른 한편으로 이 시대를 춤이 난무하는 시대, 춤을 소비하고 춤이 소모되는 시대라고 인정한다면, 지금이야말로 춤의 품격에 관한 진지한 논의가 절실하다.

이미 대중이 춤을 소비하고 이런저런 방식으로 소모되는 속도를 창작의 속도와 양이 따라가지 못하는 지경에 이르렀다. 창작과 소비의 불균형은 목적이 뻔한 복제와 편향된 춤 소비 같은 현상을 만들어 낸다. 예를 들어 자본이 장악한 각종 매체를 통해 대중이 빠르고 감각적으로 소비할 수 있는 춤이 급속히 확산한다. 맥락이 필요 없는 이런 춤은 교체 주기가 매우 짧아 새로운 춤이 마치 준비되어 있었던 것처럼 끊임없이 생산된다. 춤이 '레디메이드Ready-made'처럼 되고 있다. 마르셀 뒤샹은 레디메이드를 반어적으로 사용해 기존 미술의 권위를 무너뜨렸는데, 이 시대 춤은 대중매체가 춤을 레디메이드처럼 취급하면서 예술적 가치를 희석하고 있다. 이런 현상을 두고 기성 춤 개념의 변화로 춤의 경계를 확산한 것으로 보는 견해도 있다. 일정 부분 동의하지만, 춤의 위상이 언젠가는 달라질 것이라고 해도 뒤샹이 미술계 내부 인물이었던 것처럼 어디까지나 무용계 내부의 자기반성으로 이루어져야 의미가 있다. 그래서 지금 춤의 품격을 이야기하는 것이 끌려 내려오기 직전의 춤이 마지막 자존심을 지키면서 스스로 변화할 명분을 만드는 일일 수 있겠다. 이 명분은 춤의 동시대 가치와 직결되고, 동시대가 필요로 하는 춤의 위상이 곧 이 시대 춤의 품격이 아닐까 싶다.

춤의 품격

'품격品格'은 어떤 사람의 도덕적 가치와 행동, 태도, 품성, 인격을 나타내는 개념이다. 예술 작품에 품격이 있다면 그것은 곧 예술가의 품격이라고 할 수 있다. 예를 들자면, 오래전에 예술 작품의 품격을 이론적으로 확립한 동양 산수화의 '품격론品格論'이 있다. 중국 북조 시대 황휴복黃休復이 완성한 '품격론'은 산수화를 평가하는 기준인데, 작품에 보이는 작가의 그림 솜씨와 학문적 수준 그리고 인격을 종합적으로 평가하는 비평 이론이다. 물리적 결과물로 예술가의 인격과 작품의 품격을 논하는 품격론과 달리 춤은 매개체 없이 무용가의 몸으로 직접 표현하는 예술이다. 그러니 춤의 품격에 관해 이야기하려면, 미술의 품격론과 조금은 다른 접근이 필요할 것 같은데, 안타깝게도 이에 관해 학술적으로 다룬 시도는 아직 없다. 일부 비평문에서 품격이란 단어가 보이지만, 이때 품격은 춤 작품에만 적용되는 것이 아니라 일반적인 품격, 품위와 같은 용례로 쓰인다.

춤 공연을 보고서 '품격이 높다', '품위가 있다'라는 생각이 든 경우가 있다. 고도의 형식미를 갖춘 춤이 그러한데, 대표적으로 '일무佾舞'이다. 일무는 '제례무'라고도 부르는데, '일佾'은 춤추기 위해 벌여선 줄을 뜻한다. 문묘와 종묘의 제향祭享에서 여러 무용수가 열을 지어 추는 춤이다. 열을 맞추어 늘어선 무용수들이 극도로 절제된 동작을 보여주는 일무를 보노라면 저절로 품격이란 단어가 떠오른다. 일무만이 아니라 다른 궁중 무용도 형식미가 두드러진다. 궁중 무용의 견고한 형식은 규율과 규칙에 맞추어 나라를 평온하게 다스린다는 것을 상징한다. 궁중 무용의 춤사위에는 통치 이데올로기가 담겨 있어서, 잔 기교가 없고 담백하다. 궁중 무용의 품격은 형식과 규범에서 나온다.

또 다른 춤의 품격은 무용가와 직결된 품격이다. 이때 품격은 개인의 조건, 품성이며 정신적 성숙과 세계관에서 나온다. 작품에서 안무자의 품격이 느껴지는 경우가 있고, 춤추는 모습에서 품격이 우러나오기도 한다. 밀양 백중놀이 오북춤의 고故 하보경 선생의 춤이 그랬다. 모든 속박에서 초탈한 듯한 표정으로 손끝에서 박자를 희롱하면서 배기는 동작을 보고 있으면 전율이 일어난다. 궁중 무용과는 다른 품격이다. 민속춤의 품격은 품격이 사회적 신분과 상관없다는 사실과 격렬한 신체 움직임 속에도 품격을 유지할 수 있다는 것을 증명한다. 이뿐만 아니라 무용 작품이 지향하는 바에서도 품격이 우러나온다. 주제 의식을 말하는데, 이 부분이 동시대 가치와 연결되어 있다.

춤 몇 가지

2021년 12월 4일~5일 서울 언더스탠드에비뉴 아트스탠드에서 색다른 춤 공연이 있었다. <무용수-되기>는 김원영과 최기섭 2인무로 진행했다. 김원영은 휠체어를 타는 장애인 무용수이고 최기섭은 비장애인 무용수이다. <무용수-되기>는 이본 라이너의 <트리오 A>1966년 초연를 재연한 작품이다. <트리오 A>에서 라이너는 일상복 차림으로 걷고 팔을 흔드는 등 일상적 동작으로 구성한 움직임을 보여주는데, 어떤 주제나 표현, 재연할 대상이 없는 그저 움직임일 뿐이다. 이를 통해 라이너는 일상적인 움직임도 춤이 될 수 있다는 것을 보여주려 했다. 춤을 추기 위해서는 훈련을 거친 특별한 몸과 동작이 필요하다는 모던댄스의 엘리트주의에 반발하며 춤의 평등을 보여주려는 의도였다. 그런데 라이너가 보여준 일상적인 동작 대부분이 휠체어를 탄 김원영에게는 일상적이지 않았다. 김원영은 라이너가 보여준 일상 동작을 장애인 몸에 맞게 번역할 수밖에 없었다. 김원영은 휠체어에서 내려와 바닥에 닿는 모든 신체 부위로 움직이면서 온전히 자신을 보여 주었는데, 아무것도 재연하지 않는 장애인의 일상 동작이다. 장애인의 몸이 그 자체로 스스로 충족한 상태임을 보여주는 선언적 행위로 타자의 시선 앞에서 자신을 스스럼없이 표현하면서 인간 존재의 품격을 보여 준 셈이다. 이 작품은 무용수가 '되기' 위한 과정에서 얼마나 많은 것이 배제되는지 직시하게 하였다.

김원영이 참가한 <함께 구르는 기술>은 '제22회 서울 장애인 인권영화제'에 출품한 영상이다. 이 영상은 장애인 여러 명이 굴러다니는 모습을 담았다. 그들은 편의점, 사무실, 극장, 거실, 잔

디밭, 도로에서 구르고 몸을 포개기도 한다. 걷고 뛰기가 춤이 된다면, 걷고 뛰지 못하는 이들이 구르는 행위도 춤이 될 수 있다. <함께 구르는 기술>에서 차도와 인도를 굴러다니는 장애인의 움직임은 비장애인의 시각이 기준인 세상에 도발한다. 구르는 모습을 그저 보여주면서 "설마 사람이 구르기까지 하겠어?"라는 고정 관념에 균열을 만들어낸다. 이것이 과연 춤인가 의문을 제기하는 사람이 있는데, 이에 대해 "그렇다면 무엇이 춤인가?"로 되물을 수 있다. 춤이 되기 위해 특별한 조건을 충족해야 한다는 생각은 춤을 매우 좁게 보는 입장이며, 사람이면 누구나 자유롭게 춤출 수 있는 권리를 제한하는 생각이다. 춤은 중력을 거스르려는 인간의 대표적 행동이다. 여기서 중력은 물리적 중력뿐만 아니라 세상을 하나의 기준으로 해석하고 그것에 맞지 않은 것들을 배제하려는 억압적 힘을 포함한다. 그러니 중력을 거스르려는 모든 시도가 춤이 될 수 있다.

　위 사례에서 장애인의 춤은 감동을 주려는 것이 아니라 응시하라고 요구한다. 장애인의 몸, 장애인의 움직임을 응시하면서, 그것이 실존한다는 것을 인식하라고 말한다. 몸은 동일성이나 보편성이 아니라 차이를 구현하는 장이기 때문이다. 동시에 춤을 규정하는 경계가 어디까지인지 질문을 던진다. 이 모든 것은 지극히 개인적인 신체 경험을 타자와 교감하는 데서 시작하는데, 중요한 점은 장애인의 몸이 은폐나 외면의 대상이 아니라는 것이다. 춤은 이런 지향에 가장 적절한 예술적 수단이며, 존재의 평등을 말하는 장애인 춤의 품격은 높을 수밖에 없다.

지난 9월 국립부산국악원에서 <춤-남겨진 유산> 공연이 있었다. 1920~30년대 한국 전통춤을 재정립한 한성준 탄생 150주년을 기념하면서 그가 남긴 춤 유산을 기리는 공연이었다. 한성준이 남긴 대표적인 춤 네 종목을 국악원 단원들이 무용극 형식으로 재현하였다. 고도로 훈련된 춤꾼들의 무대는 우리 춤의 멋과 맛을 느끼기에 충분했다. 긴 수련을 거쳐 갈고닦은 완숙한 춤, 직업 무용가의 춤을 보면 경외감이 들면서, 인간의 몸이 얼마나 아름다운지를 느낄 수 있다. <춤-남겨진 유산>은 별다른 설명 필요 없이 춤의 품격을 느낄 수 있었다. 우리가 여태껏 보고, 알고 있던 대부분의 춤은 이런 품격을 지향한다. 춤꾼의 피땀 어린 수련의 결과로 얻을 수 있는 성과 말이다.

얼마 전 한 중견 무용가의 공연이 있었다. 십여 명이 출연한 한 시간 길이의 작품이었고, 적지 않은 액수의 공공지원금을 받았다. 공연 시작 전 안무자가 무대에 나와 작품 감상에 도움이 될 간단한 해설을 한다고 했는데, 대뜸 지역 국회의원 등 몇몇 내빈들 소개부터 했다. 어설픈 박수가 간간이 나왔고, 작품 해설은 팸플릿 내용보다 못했다. 공공기금을 지원해 예술 활동을 하라고 했더니 속 보이는 의전 행사로 만든 것이다. 예술을 자기 과시 수단으로 이용하는 태도에 무슨 품격이 있을까 싶다.

동시대 춤의 품격

앞의 사례들뿐만이 아니라 춤의 품격이 느껴지는 작품과 그렇지 못한 작품은 각각 공통점이 있다. 품격이 느껴지는 작품은 동시대적 가치를 보여주고, 그렇지 못한 작품은 유행을 민감하게 반영하거나 주제의 보편성이 약하다. 다시 말하자면, 회고적 감상에 그치거나 보편성 없는 개인감정의 배설에 그치지 않고 관객을 경험하지 못한 어떤 지점으로 이끌 때 그 춤은 동시대적 가치를 가진다. 간혹 동시대 가치가 시대와의 친밀성에 있다고 여기는데, 당대 대중이 선호하는 주제나 춤이 동시대성을 갖추었다는 생각이다. 그렇지 않다. 특정 시대와 너무 친밀한 춤은 시대를 제대로 관망하지 못하고 시대에 주저앉아 금방 퇴색해 회고적인 것이 되거나 소모품처럼 취급받는다. 회고적이기만 한 춤은 이미 가치를 소진한 것이어서 품격도 사라졌고, 소모되는 춤의 가치는 상품성이어서 품격을 논할 대상이 아니다.

무용가는 창작 과정에서 많은 유혹을 겪는다. 창작하면서 수시로 벽에 부딪히는데, 벽은 그 당시 자기의 한계이다. 벽 앞에서 포기하고 싶을 정도로 힘들 때 자기 합리화는 달콤한 유혹이다. 자기 복제 같은 합리화로 벽을 못 본척한다고 해서 벽이 사라진 것이 아니다. 벽은 관객 앞에 다시 나타난다. 벽 앞에서 돌아섰던 자신은 모르지만, 관객이 알아차린다는 말이다. 작품의 품격은 비평가의 평가와도 비례하지 않는다. 안무가가 처절하리만치 자기와 싸워 창작한 작품만이 품격을 스스로 획득한다. 수많은 유혹을 이겨내고 예술가 자신의 품성과 정신적 성숙도가 고스란히 묻어나는 춤, 시대와 불화를 일으키거나 관객이 불편해하더라도 예술적 신념을 고집스럽게 담아낸 춤. 그러면서도 자연에 대한 존중과 인간을 향한 따뜻한 시선을 잃지 않는 춤이 동시대 가치와 품격을 갖춘 춤이다.

아크

예술가 자신의 품성과
정신적 성숙도가 고스란히
묻어나는 춤,
시대와 불화를 일으키거나
관객이 불편해하더라도
예술적 신념을 고집스럽게 담아낸 춤.
그러면서도 자연에 대한 존중과
인간을 향한 따뜻한 시선을
잃지 않는 춤이
동시대 가치와 품격을 갖춘 춤이다.

박찬일

요리사 겸 작가다. 노포 전문 라이터로 관련 책을 여럿 냈다. 부산 돼지국밥 애호가. 오직 그걸 먹으러 기차를 타기도 한다. 영도를 특히 좋아한다.

식당에서 일어나는
품위의 순간들

아주 오래전에 이탈리아의 한 고급 레스토랑에서 견습할 때의
일이다. 나는 기본적으로 주방의 보조 업무를 맡고 있었는데, 사
장은 간혹 홀로 불러내어 이런저런 작업을 시키기도 했다. 냅킨을
접는다거나, 테이블보를 까는 일, 의자의 구석구석을 닦는 노동을
부탁했다. 요리 배우기도 늘 초조하고 시간이 아까운 내게 그의
지시는 그다지 달갑지 않았다. 게다가 일이 까다롭기도 했다.

　주방은 뭔가가 끓고 있고 보기만 해도 좋은 온갖 음식 재료들
로 가득 차 있어서 호기심 많고 한창 배우는 내게는 신나는 신천
지였다. 하지만 홀그들은 살라sala라고 불렸는데, 우리가 아는 살롱이라는
말과 어원이 같다. 물론 룸살롱은 완전히 변칙적인 존재이지만은 엄격한 격
식 같은 게 지배하는 공간이었고, 준비하는 동안이나 영업시간이

나 침묵 말고는 달리 표현할 말이 없는, 수도승의 기도실 같았다.

그들은 웃되, 손님에게만 가벼운 미소를 보였고 움직일 때도 허리를 곧추세우고 정확한 보폭으로 걸었다. 나는 그런 격식이 아주 싫었지만, 주인의 지시를 어길 수는 없어서 홀 업무를 돕곤 했다.

그 일이 얼마나 싫었느냐면 다음 날 홀 일이 예정이 되면 전날 악몽을 꿀 정도였다. 감자를 2.5센티미터*3.5센티미터로 자르는 작업은 '내 일'이었으나 막 세탁업자가 배달해서 따뜻한 세탁소 냄새를 풍기는 냅킨을 완벽하게 다린 것처럼 차질 없이 접는 건 하기 싫었다. 게다가 홀의 매니저는 절차를 아주 중시해서, 냅킨을 접기 전에 손을 씻고 소독하는 걸 일일이 확인했다.

그들이 움직일 때 마치 차이코프스키 악극의 무용수 같다는 생각을 하곤 했는데, 그들의 체형 자체가 무용수처럼 보이기도 했지만 훈련에 의한 것이었다. 당당하고도 격식 있는 움직임. 그러면서도 손님이 무얼 요구해도 다 들어줄 것 같은 서비스맨의 표정과 태도. 그렇더라도 비굴함이 아니라 손님의 정당한 권리에 잘 응대한다는 품위 있는 접객.

일본의 료칸 같은 곳에 다녀온 사람들이 극진한 서비스 태도를 보고는 흔히 '오모테나시'라는 그들 고유의 서비스 정신을 말하곤 한다. 일본어로 '오모테'는 '겉면', 즉 남에게 보이는 자신을 의미한다. 나시는 '무無'다. 즉 '오모테'와 '나시'를 합친 오모테나시는 내가 없는, 오직 손님을 위해 보이는 열린 마음으로 서비스를 제공한다는 뜻이다.

서양은 그걸 서비스라고 하는 것인데, 우리가 아는 서비스는 '무료'이지만 서양에서는 다르다. 대가를 받고 그에 상응하는 인간의 에너지를 판다는 뜻이다. 자본주의를 태동시킨 서양에서, 돈값만큼 정확한 서비스는 생각보다 엄중하다. 오모테나시도 결국은 서비스의 한 방식무한정 베푸는 것처럼 보이는 형태일 뿐이므로, 정확한 서비스는 오모테나시와 결국 같은 것이다. 우리에겐 그런 게 없을까. 있다. 버선발 서비스가 아닐까 싶다. 진정한 환대를 설명할 때 종종 등장하는 그 수사. 마치 먼 길을 마치고 온 '님'을 맞는 상황을 '버선발로 뛰어나가 맞는다'라는 말을 한다. 우리의 전통적인 좋은 서비스는 어쩌면 이 말로 어느 정도 해석이 가능하리라.

<흑백요리사>로 유명해진 안성재 셰프가 자신의 레스토랑 홀 직원들에게 무용 강습을 요구했다는 말이 있다. 앞서 서양의 고급 식당의 홀 직원들의 움직임을 많이 본 나로서는 이해가 되는 대목이다. 홀 직원은 어쩌면 식당 안에서 움직이는, 36.5도의 온도를 가진 식당 그 자체, 움직임과 표정 하나하나가 곧 식당의 대표적 인상이 되는 존재라고 볼 수 있기 때문이다. 대중식당이든 고급식당이든 우리는 홀에서 일하는 사람그가 소믈리에이든, 그냥 우리가 편하게 부르는 '이모'이든은 손님에게 가장 큰 영향을 끼친다.

식당에서 우리가 첫 번째 만나는 '존재'는 음식인가. 아니다. 사람이다. 고급식당은 리셉션이라는 형태를 운영한다. 손님이 들어설 때 '처음' 만나는 직원을 말한다. 인사하고 예약을 확인하고 자리를 배정하거나 정해둔 자리로 안내한다. 내가 일을 배운 그 식당도 문을 여는 저녁시간이 되면 현관에 가장 믿음직한 직원을 보냈다. 잘 웃거나 편안한 표정이거나 아니면 아주 노련한 사람의 몫이었다. 첫인상이라고 하면 쉽겠다.

주인은 내가 홀 일을 돕는 걸 그다지 좋아하지 않는다는 걸 아는 눈치였지만 아무 말이 없었다. '내 경쟁자들은 지금 스테이크의 레어와 미디엄 레어를 배우면서 굽고 생선 익히는 타이밍을 체득할 텐데'라는 조바심이 났다. 이런 헝겊 쪼가리나 접고 홑이불 같은 빳빳한 테이블보나 까는 일이 내게 무슨 도움이 되겠는가. 게다가 문을 열어 손님이 오면 나는 대체로 다시 주방으로 가야 했다. 홀 직원은 아니니까. 몇 달을 그렇게 일하던 어느 날 주인이 나를 불러 와인 한 잔을 건넸다. 서로 말은 잘 통하지 않았지만 그의 이탈리아어는 내게 '최적화'된 방식으로 전달되곤 했다. 단순한 동사와 명사, 형용사를 썼다.

"홀은 가게의 얼굴이야. 좋은 요리사는 홀을 알아야 해. 음식은 배를 불리지만, 손님을 만족시키는 건 서비스의 태도야. 가게의 공기야아직도 잊지 못하는데, 그는 이 대목에서 한 손으로 마치 공기가 흘러가는 듯한 동작을 반복했다. 휘이 휘이~ 정도랄까. 그걸 만드는 건 가구도 아니고 실내장식도 아니야, 사람이야.”

뭐 대강 이런 얘기였다. 결국 음식을 판다는 건 서비스를 판다는 것이고, 그러자면 홀을 알아야 한다는 취지였다. 집에 돌아와 침대에 누워서 그의 말을 되씹었다. 나는 당시 나이 든 견습생이었고, 장차 작지만 내가 직접 운영하는 식당을 하려고 했다. 주인도 그걸 알았다. 식당 안에 따뜻하고 우아한 공기를 만드는 방법에 대해 그는 설명하고 싶었던 것이다.

나중에 나란 인간은 천성적으로 처음 보는 타인에게 따뜻하게 보이지 않는 사람이란 걸 깨달았을 때 참 실망했다. 좀 무뚝뚝해 보이고, 내성적인 성격이 얼굴의 근육과 표정을 만들어내고 있달까.

생각해 보니, 내가 회사를 다니다가 요리사가 되려고 마음먹은 이유가 있었다.

나는 잡지사 기자로 일했는데, 취재기자란 글을 쓰는 일이 주가 아니라 결국은 사람을 만나서 무언가 정보를 얻어내는 게 더 중요하다. 말하자면 정치인처럼 사람 만나서 친교하고 안면을 넓히는 일이 핵심이다. 좋은 기사 정보는 이런 인간관계에서 나오는 경우가 많은 까닭이다. 헌데 그 일이 내 적성에 맞지 않았다.

당시만 해도 요리사는 셰프니 뭐니 해서 사람들에게 얼굴 알리는 직종이 아니었다. 누가 요리사인지 당시는 전혀 알 필요도, 알지도 못했다. 주방은 가려져 있고, 요리사에 관심도 없었기 때문이었다. 나는 무릎을 쳤다. 요리사가 되자! 만나기 싫다면 누구도 안 만나도 되고, 일부러 웃으며 환심을 살 일도 없는 직업 아닌가! 물론 내 기대는 무너졌다.

그 후로 많은 요리사들이 오픈 주방에서 일해야 했고, 손님과 소통하는 직업으로 바뀌어갔다. 나도 그런 시류에 따라 꾸역꾸역 먹고살아 온 셈이지만, 어쨌든 직업을 바꾼 목표와 현실이 달라져서 억울(?)하기도 했다.

식당은 손님과 식당의 일꾼들이 만나서 정해진 시간 동안 벌이는 일종의 극이다. 돈을 내고 음식을 먹는데, 시나리오가 작동한다. 주문하고, 음식을 받고, 직원과 소통하고어이, 여기 술 한 병 더 주쇼, 계산하고깎아주시니 고맙군요, 그 식당에 대한 인상을 새긴다. 더러는 관람기리뷰를 남기기도 한다.

리뷰 얘기가 나왔으니, 오랜 경험의 요리사이자 식당 운영자로서 한 마디 보태고 넘어가자. 좋은 리뷰를 받고 싶다면 좋은 홀 직원을 고용하라. 별점은 1에서 5로 이루어진다. 음식이 아무리 형편없어도 3 이하로 주는 사람은 드물다. '혹시 내가 모르는 무엇이 있을 거야'라거나 '내 입맛이 다 알 수는 없는 거니까'하고 평점에 융통성을 갖게 마련이다. 그러나 홀 직원이나 주인과 마찰을 일으켰거나설사 그 원인이 손님이라고 하더라도 기분 나쁜 상황이 생겼을 때 별점 1점을 준다. 별점 제도는 0점이 없으므로

1점을 준다. 분노하거나 실망한 손님은 할 수만 있다면 마이너스 점수라도 주고 싶을 것이다. 결국 식당은 따뜻한 서비스와 안정감을 파는 곳이지 음식만 만드는 곳이 아니다. 나는 그렇게 생각한다. 기왕이면 음식까지 좋아야 하고, 가능하면 괜찮은 수준으로 하면 된다. 그러면 살아남는다.

식당은 극이라고 했다. 극은 정해진 대본이 있다. 하지만 식당에는 없다. 그래도 예상되는 시나리오는 있다. 그 예상 시나리오보다 더 극진하면 행복한 저녁이 된다. 훨씬 못하다면 모두가 불행하다. 식당은 대체로 직원들에게 연습과 훈련을 시키고 더러는 강요(?)라도 해서 시스템을 만든다. 그게 그 식당의 품격이다.

소박하든 최고급의 럭셔리 분위기든 품격은 각기 존재한다. 문제는 손님이다. 손님은 식당의 시나리오에 익숙하지 않다. 더구나 우월한 지위라고 착각해서 무리하게 행동할 가능성도 높다. 내가 식당 편을 들고자 하는 건 절대 아니다. 손님에게도 시나리오에 부합되는 품격이 필요하다고 말하고 싶을 뿐이다. 나는 많이 돌아다니므로 자주 손님이기도 하고, 원래 요리사이니 식당 쪽의 대변자이기도 하다. 그걸 이해해 주기 바란다.

손님이 들어설 때부터 식당 측에서는 주인이거나 직원 그가 훈련되었는지 알게 된다. 인격적인 사람인가도 어느 정도 포함되는 대목이다. 직원과 눈을 마주치고 우호적인 태도를 보이느냐 살핀다. 직원이 마중 나오는데도 의사소통을 할 생각은 하지 않고 그저 주머니에 손을 꽂고 가게를 둘러보며 한 손으로 브이 자를 그리는 이들을 우리가 얼마나 많이 보는가두 명이라는 뜻이다. 그리고는 직원의 언질이나 동작을 여전히 무시하면서 아무 데나 성큼성큼 걸어가 의자를 크게 소리 내며 끌어내어 앉는 이도 부지기수다. 인사와 소통과 따뜻한 환대와 감사까지는 아니어도 식당이란 공간에 들어설 때 우리는 거의 훈련된 태도를 보이지 못한다. 눈을 마주치고 목례나 인사의 눈빛을 보내라. 우리 아이들이 배울 것이다. 물론 이런 태도는 한국에서 사회적 관계가 서툰 사람이 많은, 무뚝뚝한 관습 때문이지 결코 그 사람의 인격이 나빠서 그런 것은 아니다. 그렇더라도 이제는 바꾸는 게 맞다.

품격은 인격을 대변하지는 않지만, 적어도 식당에서 품격 있게 행동함으로써 나의 모자란 인격을 쉽게 벌충할 수 있는 좋은 기회다. 겨우 몇 만 원의 비용으로 나는 인격적으로 훌륭한 사람이란 평판을 쉽게 얻을 수 있다. 직원에게 인사를 건네고, 눈을 마주치고 호의를 표시하고, 음식이 맛있다고 칭찬하기만 하면 된다. 물론 그 식당이 응대도 음식도 형편없다면 우리도 냉정하게 대할 수 있다.

식당이 나의 예절과 품격에 못 미치더라도 우리는 좋은 태도를 지속해야 한다. 그 태도는 내가 사회에서 얻을 평판에 도움을 준다. 이런 얘기가 흔히 퍼져 있다. 어떤 비즈니스 파트너를 평가하려면 식당에 같이 가면 된다고. 일하는 사람에게 막 대하는 경우라면 그 비즈니스를 접는 게 좋을 것이라고. 결국 그 사람은 '당신'에게도 막 할 사람일 것이라고적어도 물건을 팔고 나면 나 몰라라 할 것이라고.

식당 안에서 일어나는 존재들 간의 만남에 우리는 품격을 기대해야 한다. 좋은 인테리어 디자인과 비싼 식기가 품격을 보장하지 않는다. 사람이 뿜어내는 기운과 태도, 그게 나는 품격이라고 생각한다. 그 품격은 저잣거리의 밥집과 술집이든 고급 식당이든 여러 형태로 존재한다. 우리는 유연하게 그 자리에서 품격을 보여줄 수 있다.

조봉권

1970년 8월 15일 경남 진해에서 태어났는데, 일곱 살 때 부산 와서 줄곧 부산 원도심에서 살고 있다. 부산대에서 사회복지학을 전공하는 행운을 누렸다. 남을 도우려 애쓰고 우리 사회를 생각하면서 자기를 돌아보는 학문이 사회복지학이었다. 그러나 성적은 나빴다. 부산대 영어신문사 편집국장과 간사를 지냈다. 1995년 국제신문에 입사해 2024년 현재 30년 차 기자다. 등산·여행·레저 담당 기자로 뛴 2년 3개월이 가장 행복했다. 그때『신근교산』이라는 책을 냈다. 문화부 기자, 문화부장, 문화전문기자 등 문화·예술 부문 취재를 19년 이상 했다. 선임기자, 편집부국장을 지냈다. 현재는 국제신문 부국장 겸 문화라이프부 선임기자로 있다. 부산대 예술문화와 영상매체 협동과정 대학원 미학 석사 과정에서 공부했으나 학위는 못 받았다. 제1회 효원 언론인상, 한글학회부산지회 공로상, 라이온스봉사대상 언론 부문상을 받았다. 현재 인문 무크지『아크』편집위원이다.

꾀죄죄와 오종종을 넘어 ⋯ 동동숲에서 만나요

1. 형님의 미학

1호는 전문대 식품가공과를 나왔다. 여기서 1호란 내 친형님이다. 삼형제인 우리집은 형님이 1호, 둘째인 내가 2호, 막내인 내 동생이 3호다.

두 살 터울인 형님은 청소년 시절까지 내 인생의 길잡이였다. 내가 초등학교 5학년이 돼 특활 과목을 어떤 걸로 택할지 고민할 때 형님은 "구기부로 가라"고 조언해 줬다. 나는 '구기'가 무슨 말인지 몰랐다. 들어가고 보니 공을 갖고 노는 활동이었다. 내 인생에서 몇 안 되는 멋진 선택이었다.

같은 중학교에 2년 먼저 입학한 형님은 내가 입학하자 "쌕쌕

이를 조심할 것"과 "새삶이의 이름이 '새로운 삶'을 뜻하며 서울대를 나왔다"는 등의 정보를 알려줬다. '쌕쌕이'와 '새삶이'는 당시 선생님들의 별명 또는 본명이었다이렇게 써놓고 보니 선생님들께 죄송하다.

형님이 전문대를 택한 데는 1호로서 책임감이 어느 정도 작용했음에 틀림없다. 어린 내가 봐도 형님은 어릴 때부터 장남으로서 어깨는 무거웠고 책임감은 컸으며 그에 반비례해서 꿈은 작았다. 자기 꿈을 떼어내 책임감에 보탰다. 정말 좋은 사람이다.

형님은 대학 전공과 상관없는 전기 기술자로 사회에 첫발을 내디뎠다. 물론 처음부터 기술자는 아니었고 공사 현장에서 일하면서 배우고, 자격증에 계속 도전하는 생활이었다. 아마 내가 졸업을 코앞에 둔 대학생이었거나 새내기 기자였을 때였지 싶다. '노가다판'에서 일을 마치고 온 형님은 내게 이런 말을 들려줬다. 그 이야기는 아마 평생 잊히지 않을 것이다. 그것은 미학, 그중에서도 미의 원리에 관한 가르침이었다.

2. 어스름 속 그 청소부의 뒷모습

"새벽이었어. 날이 채 밝지 않았지. 일터를 향해 트럭을 몰고 부산대교에 올라 영도 쪽으로 가고 있었거든. 저 앞에 사람이 보여. 다가가니 청소부 아저씨 뒷모습이야. 담배를 물고 청소도구를 든 채 새벽 어스름 속으로 천천히 걸어가더라고. 담배 연기가 날리고 있었다. 나는 그 모습이 잊히지 않아. 아름다웠거든. 나는 그 모습이 참 아름다웠어."

그때 형님이 들려준 말을 내 기억으로 되살려 보았다. 아마 이 문장은 오랜 세월이 흐르며 내 기억에 따라 편집됐을 터이다. 그래서 형님한테 연락해 물어보기로 했다. 위암 판정을 받고 위를 전全 절제한 채로 여전히 공사 현장에서 전기 기술자로 일하는 형님이 그때 일을 기억할까? 형님에게서 이렇게 카톡 답장이 왔다.

"잊고 있었는데 기억이 나네. 그날 아침! 빗자루랑 쓰레받기 옆구리에 끼고, 차들만 쌩쌩 지나가는 대교 위에서 담배 연기 날리면서 걸어가는 아저씨의 뒷모습이 어찌 그리 당당하게 보이던지…."

빙고! 형님은 기억했다. 근데 예상대로 두 사람 잔상이 약간 다르다. 형님은 '당당함'이라고 했다. 내게는 그 광경이 '아름다움'으로 박혀 있다. 내게, 으스름 속 다리 위 청소부 아저씨 뒷모습과 담배 연기는 내내 아름다웠다. 뒷날 일간지 문화부에서 오래 일하며 예술·문화 현장에서 예술인을 많이 만났고, 미학 공부까지 조금 하게 됐다. 그러면서 나는 알게 됐다. 형님이 들려준 그 순간 그 모습은 인상 깊은 아름다움을 넘어 내게 '미의 원리'가 돼 있었다. 내 미감의 원형이라고 해도 좋다. 내가 좋아하는 아름다움은 바로 그런 모습이다.

새벽. 부산대교. 으스름. 청소부. 뒷모습. 담배연기. 적막.

나는 품격을 느꼈다.

╱ 밤풍경-형님의 미학과 좀 비슷한 이미지

3. 겉 품격, 속 품격, 우리 세대의 품격

나는 1970년생이다. 대학은 89학번이다. 어느 순간 꼽아보니 내가 대학에 들어간 해는 광주민주항쟁이 일어난 지 10년도 채 지나지 않은 때였다. 2014년의 세월호 참사가 올해로 10년이 넘

아크

었는데도 어제 일 같은데 그때는 어땠을까.

학생 노동자 농민 교사 등이 민주화 운동에 동참해 거대한 파도의 물굽이를 이루던 그 시절 '품격'은 논의하고 들여다볼 주제는 아니었다. 오히려 품격은 벗겨야 할 가면에 가까웠다. 정객·재벌·군부·학계 속에 섞여 준동하는 반민주 세력이 겉보기엔 품격 있는 척하지만, 알고 보면 품격과 상관없는 존재임을 꿰뚫어 보며 비판하고 투쟁해야 한다는 인식이 더 컸다. 내 마음 밑바닥에도 그런 인식이 깔려 있었다.

'로메로'였는지 '살바도르'였는지 영화 제목이 기억 안 나는데, 중남미 군부 독재 세력이 낮에는 권력을 오용·남용하며 국민을 착취하고 괴롭히다가 밤에는 '품격'을 찾아 볼쇼이 초청 공연을 보러 근사한 극장으로 가던 장면이 떠오른다. 내 젊은 날의 품격은 대체로 이런 이미지였다. 그때의 품격 이미지는 이렇게 요약할 수 있으려나?

'품격은 개뿔….' '겉 품격에 속지 말고 속 품격을 놓치지 말자'

그래서 그런지 품격을 주제로 놓고 진지하게 토론해 본 기억이 없다. 신영복 선생의 저서 『감옥으로부터의 사색』이 나오면서, 깊은 인간미와 품격에 관한 관심의 밑바탕이 깔렸지 싶다. 그런데 내가 이 책을 대학 2학년 때 처음 접했을 때 '어쩜 이렇게 심심하고 알아먹기 힘든 책이 다 있나' 싶어 1년 가까이 제쳐놓은 기억이 난다.

내 속에 어떤 변화가 있었기에 그렇게 됐는지는 알 수 없지만, 나는 한동안 처박아 두었던 『감옥으로부터의 사색』을 다시 쥔 뒤로는 마르고 닳도록 그 책을 읽었다. 돌이켜보면, 그 책에서 품격을 느꼈다. 품격이란 중요한 주제가 될 수 있구나, 하고 느꼈던 것 같다.

세월은 흘렀다. 일간지 문화부 종교 담당이 돼 가톨릭을 취재할 때 깨침이 한 번 더 왔다. 이번 것은 더 컸다. '형식은 중요하구나!'였다. 또는 '지금껏 형식이 아닌 내용만 중요하다고 여겼는데 좋은 형식이 내용을 훨씬 더 좋게 가꿀 수 있구나' 하고 느꼈다.

내가 취재한 가톨릭 미사나 의례 현장은 이런저런 형식을 중시하고 잘 지켰다. 형식이라는 그릇에 경건함과 진심이 담길 때, 그 앞에서 옷깃을 여미게 됐다.

／ 부산남천성당-가톨릭 성탄 미사

4. 경남 고성 동시동화나무의 숲에서

젊었던 시절 품격에 관해 들여다보고 고민해 볼 기회가 별로 없었다고 앞서 고백했다. 그런 탓에 이 글은 일관성 없이 조각조각 난 글이 되고 말았음을 인정한다.

늦게나마 정신 차리고 이 글을 품격이라는 항구로 끝내 몰고 가려 해보니, 품격의 발견이라는 표현이 떠오른다. 처음에는 잘 몰랐는데 알고 보니 또는 보면 볼수록 품격의 향이 짙게 나는 사람·공간·일이 있다. 이런 대상을 만났을 때가 품격을 발견한 순간이다. 기자로 일하면서 얻는 행복감은 대체로 이럴 때 왔다.

아주 많지야 않겠지만, 사례를 꼽자면 꽤 될 수도 있다. 지금 당장 떠오르는 내 마음속의 품격 현장은 경남 고성군 대가면 연지리 동시동화나무의 숲이다. 일명 동동숲이다.

70대인 동화 작가 배익천은 부산 아동문학뿐만 아니라 전체 한국 아동문학계에서도 존경받는 어른이다. 부산 수영구 광안리 해변에서 방파제횟집을 운영하는 감로 홍종관·예원 박미숙 선생 부부는 배익천 작가와 아주 오래된 친구 사이다. 강정규 아동문학가는 세 사람 사이를 "아름다운 삼각형"이라고 표현한다.

1987년께 인연을 맺은 세 사람은 우정을 가꾸며 함께 꿈을 키운다. 배익천 작가가 오랜 발품을 판 끝에 1990년 고성군 숲속에 있던 작은 옛집을 구한 일이 시작이었다. 세 사람은 수십 년에 걸쳐 주말마다 이곳에 와 숲을 가꾸고 터를 닦는다. "동심이 숨 쉬는 동시와 동화의 숲을 꾸려보자"는 꿈이 조금씩 자랐다.

　그렇게 세월이 흘러 동시동화나무의 숲은 상상에 머무르지 않고 진짜로 열매를 맺었다.

　숲속 작은 터에서 시작해 3만 3000㎡1만 평에 이르렀다가 지 금은 8만 6000㎡2만 6000평로 넓어진 동동숲에는 이제 때죽 나무 마삭줄 메타세쿼이아 편백 수국 산벚나무 같은 풀나무 가 자라고 샘이 여러 군데 있으며 계간지 『열린아동문학』과 인연을 맺거나 한국 아동문학 발전에 이바지한 예술인 이름 을 담은 나무도 270여 그루 자란다. 동시인·동화 작가·아동문 학가 이름과 작품명을 새긴 돌도 해마다 늘어난다. 예술가 한 사람 한 사람을 품는 공간이 동동숲이다.

국제신문 2024년 6월 4일 자 보도

　해마다 6월 동동숲에서 열리는 열린아동문학상 시상식은 가 장 아름다운 시상식이라는 찬사를 받으며 한국 아동문학인 누 구나 가고 싶어 하는 명절로 자리 잡았다.

　방파제횟집을 하는 감로·예원 부부의 헌신과 예술 사랑이 배 익천 동화 작가의 정성을 만나 기적을 일으킨 곳이 동동숲이다.

　그 과정을 오랜 세월 곁에서 지켜보고자 애쓴 내게 동동숲은 참으로 품격 높은 기적이다.

/ 동시동화나무의숲=글샘

/ 2024년 열린아동문학상 시상식

5. '논어' 속으로 잠깐 외출

이 글을 쓰면서 인용하고 싶어 손가락을 근질근질하게 하고 머릿속에서 떠나지 않는 책이 있다. 『논어』다. 이 고전을 읽으며 받은 아주 또렷한 인상이 있다. 공자께서 참으로 생기가 넘치는 분이라는 점이다. 『논어』에서는 공자가 지면을 뚫고 살아나서 성큼성큼 활보한다. 그런 활력을 만나는 장면이 곳곳에서 펼쳐진다.

"스승께서는 태묘에 들어가서는 일마다 물으셨다. 누군가 이렇게 말하였다. 누가 저 추 땅의 촌놈이 예를 안다고 말했는가? 태묘에 들어와서는 일마다 묻고 있으니 말이야. 이 말을 듣고 스승께서 말씀하셨다. 이게 예다."팔일

'추 땅의 촌놈'은 공자를 지칭한다. 예禮에 관해 가장 깊이 사유하고 잘 아는 공자가 나라의 큰 사당 제사에 참여했을 때, 일마다 물었다. 몰라서 물었을까? 태묘 제사 경험이 없거나 드물었다면 그랬을 수 있다.

그렇다 해도 대체大體나 얼개, 예식에 깃든 의미를 몰랐을 리 없다. 어쨌든 이미 나라의 큰 스승으로 존경받던 공자가 제사의 예법에 관해 태묘 실무자에게 일마다 묻는 모습은 생기 있게 다가온다. 케케묵은 권위주의자와는 한참 거리가 멀다. 또한 공자는 이를 "예禮"라고 표현했다. 한쪽이 다른 쪽을 형식을 빌미로 예컨대 '너 몇 살이야!' 억압하는 게 예가 아니라 주고받는 관계 속에 싹트는 좋은 형식이 예의임을 먼저 보이고 실천하고 이끈다.

"스승께서는 다른 사람과 노래를 하시다가 그가 잘 부르면 반드시 다시 부르게 하셨고, 그런 뒤에 맞받아 노래하셨다."술이

감각과 미학의 세계를 부정하지도 무시하지도 않았다는 뜻으로 나는 위 대목을 이해한다. 노래 잘 부른 사람에게 앙코르를 부탁하고 본인도 맞받아 노래하는 일이 흥이나 풍류 없이 되겠는가. 다만 균형감이나 알맞음, 일의 본질에 관한 통찰과 사유가 모든 행동에 깃들어 있었을 것이다. 다음 대목에서도 그런 모습을 엿볼 수 있다.

"밥은 고운 쌀로 지은 것도 싫어하지 않으셨고, 날고기를 잘게 저민 것도 싫어하지 않으셨다. 쉬어서 상한 밥과 문드러진

생선과 썩은 고기는 드시지 않았다. 빛깔이 나쁘면 드시지 않았다. 냄새가 나쁘면 드시지 않았다. 제대로 익히지 않은 것은 드시지 않았다. … 고기가 아무리 많아도 밥 기운을 이기게 하지 않으셨다. 오직 술은 정해진 양이 없었으나, 술에 휘둘리는 지경에 이르시지는 않았다. … 생강은 빠뜨리지 않고 드셨으나, 많이 드시지는 않았다."^{향당}

이런 대목을 읽고 있으면, 공자의 가르침을 박제처럼 생기 없는 이데올로기로 만들려고 애쓴 후대 유가의 세계관이 안타깝다. 좀 밉기도 하다. 맛의 깊이를 알고 깊은 맛을 반기되 절제하면서 음미하는, 생기 있고 품위가 느껴지는 사람이 저기 있지 않은가.

끝으로 한 대목만 더 가져와 본다.

"스승께서 구이九夷에서 살고자 하시니, 누군가가 물었다. 꾀죄죄한데 어쩌시렵니까? 스승께서 말씀하셨다. 군자가 사는 곳에 어찌 꾀죄죄함이 있겠는가?"^{자한}

부디, 『논어』 속으로 잠깐 떠난 외출이 거창하게 '공자님의 품격을 배우자'는 뜻으로 여겨지지 않기를 간절히 바란다. 『논어』에 비춰 하고 싶은 말은 이것이다.

내 속의 꾀죄죄와 오종종만 어느 정도 다스려 함량을 낮춰도 품격과 친구가 될 수 있다.

정훈

문학평론가, 시인. 2003년 부산일보 신춘문예 문학평론 등단. 평론집으로 『사랑
의 미메시스』와 『시의 역설과 비평의 진실』, 시집으로 『새들반점』이 있다. 편저
『이은상 시선』외 여러 권의 공저를 펴냈다. 부산대학교에서 『김지하 미학 연구』
로 박사학위를 받았으며 동아대, 동의대, 부산외대, 부산대, 영산대, 한국해양
대 등에서 2007년부터 2019년까지 문학과 교양을 가르쳤다. 현재 한국작가회
의 부산지회 부회장을 역임하고 있으며 인문무크지 『아크』, 시전문계간지 『사이
편』, 월간 『시민시대』 편집위원을 맡고 있다. 2017년부터 2022년까지 〈국제신
문〉 인문학칼럼을 연재했으며, 2022년부터 〈부산일보〉에 금요칼럼 '정훈의
생각의 빛'을 연재하고 있다.

이 학교를 보라
-명문(名門)의 정신과 형식

1. 네 사람이 앉은 식탁

수십 년 만의 무더위에 다들 헉헉거리며 땀을 연신 씻어내렸다. 휴가를 맞아 서울행 KTX에 몸을 실었다. 에어컨 바람에 시원해진 객차 안에 들어서서 좌석번호를 확인한 뒤 자리에 앉았다. 출발시간에 맞춰 천천히 부산역을 벗어난 지 얼마 되지 않아 열차는 제 속도를 내었다. 아직 황금빛으로 물들기 전의 들판과 어둑어둑 진초록의 물감을 칠한 듯 들쑥날쑥한 야트막한 산들을 차창으로 바라보며 이런저런 생각에 골몰할 즈음 졸음이 밀려왔다. 그간 마음이 심란했던지 도통 감을 잡을 수 없는 다양한 소리와 이미지가 구름 위를 떠다니는 혼몽에 소스라치게 놀라 깨어나 보니 어느새 열차는 한강을 건너고 있었다. 휴가철이라 복잡한 서울 한복판에 누추하나마 모텔이나 여관이라도 잡을 수 있을지 걱정이었다. 뙤약볕이 도시 전체를 달구어 버린 종로 바닥을 거닐면서 묵을만한 숙소를 샅샅이 훑고서는 적당한 곳에 들어가니 방이 없거나 비싼 호텔뿐이었다. 얇은 지갑이 문제가 아니었다. 일주일가량 서울에 머물며 만나야 할 사람이 몇 있었다. 허름하더라도 비용이 적게 나가는 여관에 묵기로 했다.

종로구 관철동 골목을 이리저리 둘러보다 발견한 곳이 '한평여관'이었다. 종로 한복판 각종 전기선이 여기저기 벽을 타고 넝쿨처럼 널브러져 있거나 페인트칠이 벗겨져 허연 뼈를 군데군데 드러낸 비좁은 골목에 들어선 여관이었지만, 뜨내기 촌놈에 지나지 않은 나로서는 여간 반갑지 않았다. 주인에게 닷새 치의 숙박료를 건네고 3층으로 올라가 302호실 문을 열었다. 서너 평쯤 되는 방엔 싱글 침대와 TV가 보였으며, 침대 머리맡 건너편에 욕실이 있었다. 그나마 벽걸이 에어컨이 달려 있어서 찌는 여름 혼자 묵기엔 천국이나 다름이 없었다. 배낭을 내려놓고 에어컨을 켠 후 침대에 벌러덩 누웠다. 노곤한 몸에 또다시 혼몽처럼 소리가 귓가를 맴돌았다. 이번엔 행진곡처럼 우렁차게 척척 울리는 음이었다. 가까워졌다 멀어지는 소리를 멀리 떠나는 뱃고동을 잡을 듯 놓칠 듯 꽉 쥔 손에 식은땀이 고였다.

창밖 우중충한 빛이 흩어지는 아래로 삼삼오오 혹은 혼자서 담배를 피우는 젊은이들이 보였다. 마침 올림픽 사격 경기가 벌어진 터라 무심코 켠 TV에선 한국 여자 선수가 권총을 겨누고 있었다. 숨을 조절하고 고요가 멎을 때쯤 과녁엔 메달을 알리는 환호가 울려 퍼졌다. 여관 천장을 올려다보며 가만히 눈을 떴다. 골목 여기저기에서 들리는 소리가 귓가를 간지럽히곤 눈을 감았다. 둥둥 울리는 심장 소리는 마치 전장에서 이기고 돌아오는 병사들의 군홧발 소리처럼 내 곁에 맴돌았다. 해방을 맞이한 이 땅의 사람들이 한곳을 가리키듯 형형한 눈길을 보냈다. 점멸하듯 나타났다 사라지는 빛무리를 감지하며 스르륵 감기는 눈꺼풀을 느꼈다.

다음 날 오전 북촌 언저리 식당에서 두 사람을 만나 점심을 먹고 근처 카페에 들러 환담을 나누었다. 인터뷰 형식이었지만 모처럼 나들이 삼아 나온 상춘객처럼 우리는 들떠 있었다. 고등학교 때 학도호국단 간부를 맡았으며, 한국 보이스카우트연맹 부총재를 지낸 분이 학창 시절을 회상하면서 끝날 줄 모르는 기억을 풀어 놓았다. 무더운 여름 카페 야외 옥상에서 차를 마시다 잠시 쏟아진 소나기가 지나간 선선한 바람을 맞으며 우리는 시원한 북촌의 산과 마을을 감상했다. 이곳엔 한옥이 밀집해 있어서 사시사철 관광객이 끊이지 않는다. 모처럼 찾은 서울 하늘은 먼 지역에 연고를 둔 우리 일행을 소담히 쓸어안을 듯 더운 바람을 보내 가만 지켜보았다. 일행은 악수를 하고서 반가운 자리를 뒤로 한 채 각자 다음 일정을 위해 카페를 나섰다.

다음날 서울역에서 경의선을 타고 문산을 거쳐 파주 임진각 평화랜드로 향했다. 학교사學校史 집필을 의뢰받아 작업을 시작한 지 1년여 지났다. 서울 일원에 있는 몇몇 동문을 만나기 위해 며칠 동안 서울에 머물며 두어 명을 직접 찾아보기로 계획한 휴가였다. 8월이 시작되는 중부 지역의 기온은 연일 35도 내외를 오르내렸다. 노구를 이끌고 몸소 마중 나온 이석명 옹93세은 해방되기 직전인 1945년 4월, 당시 부산제1공업학교에 입학하여 한국전쟁 당시 학도병으로 헌병학교에 징집되어 참전, 사병 신분으로 1952년 육군사관학교에 들어가 직업군인의 길을 걸었다. 야전사령부 작전참모로 베트남전에 파병되기도 했다. 1978년 대령으로 예편 뒤 기업체 임원으로 잠시 근무하다 1983년부터 본격적으로 놀이공원 사업을 시작하였다.

무더위가 기승을 부리던 날이라 그런지 평화랜드에서 운영하는 놀이시설 중 몇 개만 운행 중이었으며, 간간이 찾아오는 이용객들은 손가락으로 헤아릴 정도였다. 에어컨을 설치하지 않은 집무실에는 선풍기만 회전하면서 더운 바람을 보내었다. 마침 점심시간이라 집무실이 있는 사무실에서 조금 안쪽으로 건너 안내하는 식당으로 들어갔다. 컨테이너를 개조해 만든 공간에 테이블이 놓여 있었고, 나와 이석명 옹 그리고 두 명의 직원이 식탁에 나란히 마주 앉아 식판을 두고 잠시 침묵을 지켰다.

어색한 침묵이 가라앉을 무렵 이석명 옹이 입을 열었다.

"멀리서 오셨는데 찬이 변변찮아 미안합니다. 어서들 듭시다." 그제야 나는 물 잔을 입에 가져다 마시면서 맞은편 그가 수저를 드는 걸 지켜보았다.

2. 구름이 비를 뿌려도 태양은 남김없이 거두어 가네

'태양의 법칙'이란 말이 성립할 수 있다면 다음의 말도 가능할 것이다. 태양은 지구상에 있는 모든 존재에게 공평무사하다. 언뜻 보면 불공평하게만 보이는 세상사지만 끝내 뿌린 대로 거두는 게 불변의 원칙이요 이치다. 다만 사람의 간계姦計로 말미암은 속임수와 환상이 저러한 철칙을 고리타분한 격언 정도로 격하시키기 때문에 일종의 착시가 작용한다는 게 문제일 뿐이다. '금수저'니 '흙수저'니 하는 말도 그런 까닭에, 거기에 무슨 삶의 묘수라도 끝없이 뿜어져 나오는 화수분이라도 되는 양 '환경 결정론자'들의 바이블이 되어버린다. 금수저나 흙수저가 따로 있는 게 아니라, 금수저니 흙수저니 하면서 자신의 가능성을 미리 봉쇄해 버리는 뒤틀린 의식만이 있다. 그리고 이 낱말을 밑천 삼아 덩치를 키우려는 영리주의자와 허풍선이만이 있다. 그래서 우리 사회에서는 '출신 배경'과 관계없이 '꾸준함' 하나만으로 자신의 정신과 의지를 키우는 사람들이 곧잘 멍청하거나 우둔한 사람 취급을 받기도 하는 것이다. 어찌 보면 멍청하고 우둔하게 보일 수도 있는 꾸준함과 끈기, 그리고 형편과 상관없이 나날이 샘솟는 사랑의 연원은 어디에 있는 것일까.

이석명 옹은 천천히 수저를 놀리면서 반찬 하나 밥알 한 톨 남기지 않았다. 최대한 천천히 먹는다고는 했지만 역시 일찌감치 수저를 놓았던 나는 맞은편에 앉은 그가 마지막 수저질을 할 때까지 묵묵히 앉아 있었다. 그는 물을 마시며 잠시 뜸을 들이더니 입을 떼며 말했다.

"처음엔 구내식당을 이용했는데 이렇게 밥솥 갖다 놓고 반찬만 공수해서 먹으니, 직원들도 좋아합니다. 지금은 직원들이 돌아가면서 이곳에서 밥을 해 먹어요. 자, 사무실로 돌아가서 커피라도 한잔합시다."

출퇴근 시간이나 점심시간을 수십 년간 어기지 않고 제때 제시각에 해오셨다고 놀이공원 사업을 시작했던 40년 전부터 함께 일을 하고 있는 임원이 귀띔했다. 오랜 군대 생활이 몸에 밴 습관 때문인지 아니면 원래 성품이 그렇게 만들었을지도 몰랐다. 나이 탓인지 부쩍 깡말라진 몸이지만 형형한 눈빛에선 범접하기 힘든 기운이 엿보였다. 판문점을 지척에 둔 임진각 하늘 수직에서 내리꽂히는 햇볕을 받으며 천천히 사무실로 걸어가는 일행을 뒤따르다 괜한 생각이 들었다. 한낱 잠시 수학했던 학교

일 뿐인 모교에 대한 깊은 애정이 어디에서 나오는지 헤아렸다. 단지 몸을 담았다는 이유만으로 평생을 그렇게 헌신하면서까지 모교 재학생들에게 장학금을 지급하거나, 재경동문회장을 역임하면서 서울 지역 동문을 위한 모임을 이끌고 회장직을 그만둔 이후에도 어김없이 중요한 동창회 행사에 적극 참여하는 마음을 떠받치는 것이 무엇일까 한참을 궁리했다.

그러다 나는 한 사람을 생각해 냈다. 초대 부산공업고등학교 장학재단 이사장을 지낸 신양信陽 정석규 선생1929~2015이었다. 평생을 기부와 봉사로 사회에 자신이 모은 모든 재산을 되돌려 주며 떠났던 그의 삶 자체가 나눔과 베풂의 표본이었다. 모교인 부산공고뿐만 아니라 서울대학교에 최대 금액의 기부를 하였을 뿐만 아니라 신양문화재단을 설립하여 도서관 건립 사업을 비롯한 각종 장학사업에 매진하였다. 고등학교 시절 먹을 게 없어 콩깻묵으로 허기를 달래며 배움을 향한 열정을 한시도 놓치지 않았다. 고3 때 군수공장에 동원되어 조선벨트회사에서 일하기 시작한 것이 태성고무화학을 설립해 평생 한국 고무 사업 발전을 위해 기여한 계기였다. 절약이 몸에 배어 중국집에서 짜장면을 시켜 먹고 남은 걸 싸서 집으로 가지고 올 정도였으며, 한겨울에도 변변한 외투도 없이 얇은 점퍼를 입으며 난방을 켜지 않은 집무실에서 업무를 볼 정도였다니 보통 사람으로서는 상상하기 힘든 면모를 보였던 것이다.

말년에 그가 보여준 부산공고에 대한 조건 없는 기부는, 한 소년이 받았던 세계의 별을 조금씩 키우고 마침내 무르익어 터질 무렵 자연스럽게 되돌려준 고귀한 행위요 실천이었다. 이것은 '기부행위' 자체가 뜻하는 봉사와 선한 실천을 말하는 게 아니다. 그 행위에 들어있는 내면의 빛깔이 중요하다. 알록달록하지 않고 심심한 듯 묽은 영혼을 갖춘 내면에는 물질적인 풍요나 부피가 삶의 본질적인 요소라는 사실을 부정한다. 이를 부정하는 자리에 들어서는 것은 자신이 배우고 얻은 것이 결국은 우리 모두의 희생과 헌신에서 비롯되었다는 자각이다. 이 깨달음이 한 인간의 고귀한 정신과 실천을 낳았으며, 그의 호에서도 알 수 있듯 태양을 믿음으로써 삶을 추동하는 근원과 토대를 잊지 않는 마음의 결로 나타난 것이다. 나온 것은 모조리 되돌아가는 게 마땅하다는 신념이 그의 격格을 완성 지은 셈이었다.

3. 이어지는 것은 결코 끊어지지 않는다

2024년 5월 3일, 부산공업고등학교는 개교 100주년 기념식을 진행하였다. 개교 100주년을 즈음해서 총동창회에서는 재학생 620명 전원에게 장학금 100만 원씩을 지급했다. 이는 여러 언론과 국민의 관심을 불러일으키며 부산공고의 명성을 다시금 확인하는 계기가 되었다. 교정에 조성된 기념 조형물 제막식을 시작으로 기념식에 이은 축하연, 그리고 며칠 뒤 부산문화회관에서 개최된 기념음악회와 동문미술전을 통해 영남 공업교육의 요람이었던 부산공고의 개교 100주년 기념행사를 성대하게 치렀다. 기념행사는 총동창회장허동윤 ㈜상지건축 대표을 비롯한 개교 100주년 조직위원회의 1년이 넘는 준비와 노력이 결실로 이루어진 장엄한 의식儀式이나 다름이 없었다.

2024년 100주년 기념을 사실상 마무리 짓게 된 행사인 개교 100주년 전국 동문가족한마음등반대회11. 2. 남한산성 일대에서 내빈으로 나선 91회 졸업생의 어머니는 소감을 밝히는 중에 다음처럼 말했다. "내 인생에서 가장 잘한 일을 꼽으라면, 내 아들을 부산공고에 보낸 일입니다." 잔잔하고 조곤조곤한 목소리로 말을 이은 여인의 눈빛에서 100년 전 일제강점기 부산공고의 전신인 부산공립공업보습학교로 개교할 때부터 지금의 교명인 부산공업고등학교로 개편된 1951년까지, 그 어둑어둑했던 시절 학교에 내보낸 학부모의 심정과 사랑이 이어져 내려온 듯 얼핏 비추었다. 자식을 학교에 보내고 사회에 진출시키는 부모 심정은 누구랄 것 없이 마찬가지일 것이다. 아들이 자라 든든한 사회의 일원이 되었을 때, 그 아들을 품에 안고 지식과 열정을 주입한 학교를 대하는 부모의 애틋한 심정을 헤아릴 수 있었다. 학생을 길러준 학교와, 이 학교에 대한 믿음과 애정이 학부모로 하여금 마음을 빛처럼 학교에 되비치는 관계, 여기에서 명문名門의 정신과 형식은 만들어진다.

남한산성 행사를 마치고 부산에 도착한 우리 일행이 탄 버스에는 총동창회장을 비롯하여 남녀공학이 되어 세 번째로 졸업하였던 72회1998년 졸업생 동문들이 여럿 있었다. 나날이 젊은 동문의 총동창회 가입률이 떨어지는 추세에 비추어 모처럼 젊은 동문과 즐거운 시간을 보낸 일행은 동래역에 도착한 버스에서 내려 공식 일정을 마무리했지만, 아쉬운 마음에 72회 동문이 운영하는 주점에 회포를 풀기 위해 다시 모였다. 등반 행사에 참석하지 못했던 또 다른 72회 여 동문이 들어왔다. 뒤늦게 인사를 했는데 행사에 참석하지 못했던 이유가 자신이 맡았던 건축 관련 업무 때문이었다고 해맑게 웃으며 말했다. 선머슴 같았던 그의 쾌활하고 발랄한 모습, 그리고 제게 주어진 일을 해내야 한다는 의지가 절로 묻어나는 모습에서 숭고함조차 일었다. 제각각 학교를 나서면서 자신이 걸어가야 하는 길을 따라나선다. 때로는 자신도 모르는 사이 전공과 지역을 훨씬 초월한 곳에서 휘젓는 사람이 되기도 하겠지만, 때로는 청소년 시기 학교에서 익히고 배웠던 지식과 슬기를 사회에 환원하기도 한다.

전통은 알게 모르게 몸과 마음에 배어있어서 여간해서는 벗어나기 힘들다. 여기에 전통이 지니는 힘이 있다. 한 해 한 해 내려오는 학문과 교육, 그리고 '동문'이라는 준準 혈연적인 울타리가 형성하는 사회에는 삶의 태도와 방식이 서로 달라도 한때 배움의 길을 걸었던 공통감각을 소환할 수 있는 공동의 세계가 존재한다. 이러한 세계는 학교를 졸업하고 나서도 오랫동안 지워지지 않고 남게 되는 삶의 준칙으로, 혹은 추억과 사랑이 밴 정직한 신념으로 각자에게 다가서는 것이다.

4. 정직은 진실한 믿음에서 생겨난다

네 사람은 이석명 옹의 집무실에 앉아 차를 마셨다. 서울에서 오후 일정이 잡혀 있어서 자리에 일어서려니 내 손을 꼭 쥐면서 잘 내려가라고 하였다. 문산까지 가는 택시를 대신 호출해 준 오랜 직원에게 인사를 하고서는 마침 대기하고 있던 택시에 올랐다. 무더위가 절정에 달할 무렵인 오후 2시경 에어컨도 없이 선풍기 바람으로 사무실에서 업무를 보는 이석명 옹을 생각하면서 서울로 돌아왔다. 배웅하면서 뒤돌아서는 등이 외롭지만 당당해 보였다. 어느 날 어느 곳에서라도 그 쓸쓸해 보였던 등은 단 한 번도 웅크리지 않고 정직하게 꼿꼿하리라. 낳아준 부모를 잊지 않듯, 소년기를 보낸 모교를 잊지 않고 평생을 아낌없이 어루만지고 응시했던 눈은 앞으로도 빛나면서 후배 동문으로 이어져 내려갈 것이다.

나는 학교사를 맡고 얼마 되지 않아 부산공고에서 총동창회 행사를 마치고, 마침 집으로 돌아가는 방향이 비슷했던 총동창회 실장과 잠시 맥주를 마신 적이 있다. 2007년부터 동창회 업무를 맡았으니, 어느덧 18년째 일을 보고 있는 셈이다. 이젠 지긋지긋할 만도 한데 양은화 실장은 피곤한 기색에도 동창회 업무에 대한 보람으로 가득 찬 표정으로 내게 말했다.

"동문이 이제 식구처럼 느껴져요. 때론 힘든 적이 한두 번이 아니었지만, 이 학교 동문은 참으로 정직하고 좋은 사람들이에요. 그래서 계속 앞으로도 여기에서 일을 하고 싶어요." 500CC 잔을 만지면서 잔잔한 팝송이 흐르는 조그만 맥주 가게에서 나는 상념에 잠겼다. 빌리 조엘의 Honesty가 흘러나왔다. 빌리 조엘은 1949년 5월 9일에 태어났다. 그가 태어나기 4일 전에는 개교기념일을 맞아 부산공고의 교훈이 제정되어 공개되었다. 그러자 또 한 번의 장면이 머릿속을 맴돌았다. 못골 언저리에 있었던 당시 학교는 해방이 되고 어수선한 가운데서도 학교의 기틀을 잡고 새 시대의 교육 방향을 정해야만 했다. 김택진 교장은 되찾은 부산공고의 위상과 전통에 걸맞게 역사의식과 기술교육의 중요성을 결합하여, 이 나라의 선진 공업 기술을 선도하면서 학생들에게 사명감을 잊지 않게 하는 문구를 교훈에 담고자 했다. 당시 국어를 담당했던 김장호 선생과 오랜 숙고 끝에 교훈이 탄생하게 되었다. 교무실에서 몇 차례에 걸친 논의와 토론을 거쳐서 태어난 교훈은 "위하라 이 겨레, 일하라 지성껏, 앞서라 기술로"였다.

부산항 검푸른 바다와 부두의 불빛이 일렬로 펼쳐져 있는 풍경을 내려다보면서 김택진 교장과 김장호 교사는 손을 마주 잡았다. 그리고 이때로부터 74년이 지난 못골 부근의 맥줏집에서 빌리 조엘의 노래가 흘러나왔다. 신념과 정직이 이어져 내려오는 기나긴 세월 동안 끝까지 지켜내고자 했던 것은 바로 믿음이었다. 우리에게 믿음이 없었다면, 그래서 믿음에서 뿜어져 나오는 정직함이 없었다면 100년의 시간을 견뎌내기 힘들었으리라. 노래의 마지막 소절을 듣고 우리는 가게를 나와 각자 집으로 돌아갔다. 등을 돌린 실장의 뒷모습에 어렴풋하게나마 기품이 서렸다는 사실을 문득 깨달았다.

이성철

창원대학교 사회학과 교수이며, 산업 및 노동사회학을 가르치고 있다. 산업 문제를 문화의 시각에서 바라보려는 관심으로 여러 논문과 단행본을 썼다. 대표적인 저서로『영화가 노동을 만났을 때』『안토니오 그람시와 문화정치의 지형학』『노동자계급과 문화실천』『경남지역 영화사』가 있다.

마르얀 언덕의 훈풍
: 길 위에서 만난 품격들

"자그레브Zagreb? 오랜만에 들어보는 이름이네요." 누군가 내게 한 말이다. 오래된 과거의 기억을 떠올려야 겨우 소환되는 도시이기도 하다. 1977년 피아니스트 백건우와 배우 윤정희 부부의 납치 미수 사건으로 기억되기도 한다. 자그레브를 수도로 하는 크로아티아는 최근 다시 우리에게 다가왔다. 예능 프로그램이 방영되기 이전부터 그 나라의 소식들은 여행자들로부터 오기 시작했다. 크로아티아 사람들은 자신들의 지리적 위치를 발칸반도가 아닌 중남부 유럽으로 불리길 바란다. 그리고 과거 소련의 영향을 직간접적으로 받아온 동유럽과 구별되기를 바라는 탓이기도 할 것이다. 발칸반도는 포화砲火와 연결된 참혹한 땅으로 자주 거론되었다. 발칸이라는 말은 은유적으로 퇴보와 관

련된 불가리아의 산 이름에서 유래한다._{튀르키에어로는 '산맥'을 의미}
_{한다.} 오래전 일이 이어진 현대사의 굴곡진 내력을 안고 있는 곳
이기도 하다. 그러나 현재 속에 담겨있는 과거는 생명이다. 그래
서인지 많은 사람들이 크로아티아를 역설적으로 '아드리아해의
진주'라 부르는지도 모르겠다._{바이런의 명명으로 알려져 있다.} 마치
영롱한 진주가 태어나는 그 과정이 아픔으로 점철된 것처럼…
세르비아 시인, 밀로반 다노일리츠Molovan Danojlic는 아드리아
해를 다음과 같이 표현하기도 했다.

> 하늘이 편지지라면/ 숲이 필기구라면/ 바다가 검은 잉크라
> 면…

때로는 여행에서 돌아와 되돌아보는 시간이 좋을 수도 있다.
짧게 본 경치가 더 아름답고, 낯선 곳에서의 경험이 잔영殘影으
로 오래 머물기 때문이다. 생물학자 린 마굴리스Lynn Margulis는
우주에서 바라본 지구의 모습을 '푸른 보석'이라 부르며, 생명들
의 고향인 지구에 대해 성찰한다. "고향_{지구}을 되돌아보면 이 세
계를 갈라놓고 있는 인종과 종교, 그리고 이념의 장벽은 어디에
도 찾아볼 수 없다." 지금 크로아티아는 인종과 종교, 그리고 이
념의 장벽을 허물려고 노력한다. 크로아티아는 유고슬라비아 연
방에서 비롯된 나라다. 유고슬라비아는 2차대전 후 티토Tito의

주도하에 연방으로 뭉쳐진 나라였다. 강대국에 휘둘리지 않으려는 발칸반도 국가들의 전략이었다. 그러나 1991년 연방은 각각 이해관계를 달리하면서 독립한다. 흔히 크로아티아는 1, 2, 3, 4, 5, 6, 7의 나라로 불린다. 1개의 국가, 2개의 문자, 3개의 종교, 4개의 언어, 5개의 민족, 6개의 나라, 그리고 7개의 접경국이 그 것이다. 어떤 여행자는 보스니아와 크로아티아의 국경을 두고, 참 이상하게 그어졌다 말하며, "왜 그렇게 국경이 그어졌는지 이해할 필요도 없고, 그저 그러려니 하고 다니면 된다"라고 말하지만 그럴 일은 아니다. 13세기부터 지중해 세계의 중심 도시였고, 베네치아 공화국의 주요 거점 가운데 하나이기도 했다. 예로부터 모자이크의 나라였던 셈이다. 크로아티아는 원래 로마제국의 본토에 속했다. 로마제국의 양분 이후에는 서西로마에 남아 가톨릭 국가로서의 정체성을 지켰다. 이는 동東로마 제국 즉 비잔틴 제국으로 동방정교를 신봉하는 세르비아와는 다른 길이었다. 15세기에 발칸반도를 침공한 오스만 제국도 크로아티아는 복속시키지 못했다.

／ 크로아티아의 위치. 출처: 신영(2019), 『두브로브니크에서 만난 사람』 중에서.

그러나 티토 사후 독립 국가로 돌아가려는 움직임들에는 아
주 고통스러운 과정이 내장되어 있다. 유고슬라비아 내전으로
알려진 피비린내 나는 전쟁이 그것이다. 크로아티아 사람들은
자신들의 나라를 흐르바트스카Hrvatska라 부른다. 참고로 흐르

아크

바트스키Hrvatski는 크로아티아어를 뜻한다. 아스라한 로마제국 역사의 흔적이 아직도 스플리트 지역에 남아있다. 로마 황제를 가장 많이 배출11명한 지역이 지금의 세르비아였다. 그리고 2세기의 브리튼에는 북아프리카 출신 총독이 세 명 이상 있었고, 두 명은 오늘날의 크로아티아 출신이기도 했다.샘 밀러, 『이주하는 인류』 중에서 역경을 뚫고 나온 국가와 그 사람들은 고결하다. 위엄과 존엄성을 지닌 품격 있는 모습을 띠고 우리에게 다가온다. 그곳에 대해 이야기를 나누고 싶었다.

프랑크푸르트에서 알프스산맥을 넘어선 비행기는 1시간 남짓 걸려 자그레브 공항에 도착했다. 이탈리아 북부에 걸쳐있는 햇빛 속의 알프스는 찬연했다. 아마득한 하늘 위에서 산맥을 내려다보니, 신형원의 노래 <터>도 그려졌다. 오래전 그랜드 투어에 나섰던 유럽인들이 산을 직접 넘지 못하고 에둘러 갔다던 그 길들과 강들은 어디쯤일까? 괴테의 『이탈리아 기행』 속의 길들과 훗날 그의 제자 에커만이 걸었다는 여정을 속절없이 가늠해보기도 했다. 자그레브는 북쪽. 남쪽의 두브로브니크로 가기 위해 환승을 한다. 두브로브니크 공항에서 우버를 타고 숙소로 가는 길에는 고흐의 그림에 자주 등장하는 키 큰 사이프러스 나무들이 도열해 있다. 사이프러스 나무는 '죽음과 애도'의 뜻을 지닌 상록수다. 고흐의 삶과 크로아티아의 역사가 여수旅愁와 함께 피어올랐다. 나무들은 벽돌 색깔의 지붕들과 어울렸다. 두 색깔의 파장이 이웃해 있기 때문일 것이다.

가만한 비가 내리는 숙소에서 하룻밤을 머물고, 두브로브니크 성으로 나섰다. 오래전 '라구사'Ragusa 공화국의 수도였던 두브로브니크Dubrovnik는 슬라브어로 '떡갈나무'라는 뜻이다. 두브로브니크는 빅토르 위고, 버나드 쇼, 아가사 크리스티 등의 사랑을 받은 지역이기도 했고, HBO 드라마 <왕좌의 게임>에서 '킹스 랜드'로 설정된 곳이고, 등장인물들이 거닐던 곳 중의 주요 장소가 두브로브니크 성벽Stari Grad이다. 미야자키 하야오 감독의 <마녀 배달부 키키> 속의 마을도 이곳을 배경으로 했다. <스타워즈: 라스트 제다이>도 성내 구시가지 곳곳에서 촬영되는 등 새롭게 각광을 받는 지역이다. 유고슬라비아 내전으로 폐허 직전까지 갔다가 총상의 흔적을 간직한 채 이제는 대부분 복원되었다. 이 과정에 대한 생생한 이야기는 소설가로 변신한 전 국회의원 신기남필명 신영 작가의 책, 『두브로브니크에서 만난 사람』이 도움 된다.

성 안으로 들어가기 위해서는 도개교로 연결된 필레 관문Pile Gate을 통과한다.1471년 건축 관문 입구 오른쪽에는 웅장한 '이반 요새'가 거센 파도를 맞받으며 아드리아해를 지키고 있다. 공자

아크

고향 곡부의 성내城內 궐리가闕里街나 우리의 낙안읍성처럼 성벽 안이 곧 구시가지다. 구시가지 전역은 유네스코 세계문화유산으로 지정되었다. 안으로 들어서면 구시가지 모형을 손에 들고 있는 성 블라호St. Valho의 조각상을 만난다. 10세기 경 베네치아의 침공이 있을 때 이를 시민들에게 미리 알려 도시를 구한 성인이다. 뒤에 살펴볼 이반 메슈트로비치의 작품이다. 이른 아침부터 성벽 윗길을 걷는다.총 길이 1,949m 성수기에는 발걸음을 뗄 수 없을 정도로 인파가 밀린다고 하는데 의외로 호젓해서 아드리아해의 '우중심란'雨中心亂을 제대로 느낄 수 있었다. 저 바다 너머에 이탈리아가 있을 것이다. 성벽 길을 걷다 보면 해양 박물관과 조그만 미술관 등을 만난다. '아틀리에 풀리티카 스튜디오'Atelier Pulitika Studio는 두브로브니크 출신 현대미술가인, 두로 풀리티카Đuro Pulitika, 1922-2006의 화실이었다. 실제로 작업하던 곳을 조그만 전시관으로 꾸며놓았다. 그의 작품에 주조로 나타나는 푸른색은 아드리아해의 그것일 것이다. 작품 「할아버지」는 고흐의 「우편배달부 룰랭」이나 「탕기 영감」 느낌도 났다. 붉은색이 도는 작품들에서는 루오가 연상되었다. 작품 면에서나 컬렉터들의 수집에서도 상위권을 차지하는 작가이다. 자그레브의 현대미술관에서도 그의 작품들을 볼 수 있다.

／ 스튜디오 안에 전시된 두로의 그림들

성벽을 내려와 구시가지 광장과 골목들을 산책하다 보면, 지은 지 800년이 지난 두브로니크 대성당을 만난다. 유고슬라비아 내전 때 연방군의 포격을 받아 파손된 것을 복구한 곳이다. 성당 안에는 성 블라호의 유물이 보관되어 있고, 베네치아 화파의 대표적인 화가인 티치아노의 「승모 승천」 한 점이 소장되어 있지만, 마침 성당 전체가 수리 중이라 볼 수 없었다. 베네치아의 프라리 성당에는 규모도 크고 색채도 화려하며 등장인물도 다양한 동명의 작품이 있다고 한다. 르네상스 시기 이탈리아의 그것과는 다른, 베네치아 화파 특유의 색감을 직접 볼 수 있는 운은 없었지만, 이 또한 여정의 묘미라 생각하며 속내를 달랬다. 그러나 로마 시대 궁전이 남아있는 곳에 전시되고 있는 이곳 출신 화가들의 다양한 그림들을 볼 수 있었다. 대가들의 그림과 비교하는 것은 쓸 데 적은 일이다. 정성을 기울여 그들의 신앙심과 고향을 담은 마음을 진하게 느낄 수 있었다. 두브로브니크는 작은 마을이라 그런지 이곳 공동체 구성원들의 애향심은 곳곳에 보인다. 숙소와 식당, 거리의 벽들 모두 캔버스의 향연이었다. 구시가지의 성벽을 둘러본 후에는 스르지Srd 산412m을 올라가 보는 것도 좋다. 두브로브니크 전체를 조망할 수 있다. 발음이 같은 슬로바키아어 스르지Slzy는 '눈물'이라는 뜻도 지니고 있다. 유고슬라비아 내전 당시 참호로 쓰이던 요새에는 피, 땀, 그리고 눈물이 서려 있다.

／ 스르지 산에서 조망한 두브로브니크 구시가지

두브로브니크에서 북상하여 고대 로마 유적지의 도시 스플리트에 도착했다. 스플리트는 디오클레티아누스 황제가 약 1700년 전에 지은 별장 궁궐의 유적이 남아있는 곳이다. 황제는 이지역의 노예 집안 출신이었다.살로나 태생 그리고 동로마와 서로마 제국으로 영토를 확장한 황제이기도 하다. '크로아티아의 미켈란젤로'라 불리는, 이반 메슈트로비치Ivan Meštrović, 1883-1962도 스플리트 지역의 마르얀 언덕에 자신의 거주지이자 작업실겸 갤러리를 짓는다. 메슈트로비치 미술관이 그것이다. 인근에

아크

는 그가 지은 또 다른 작은 미술관이 있다.카슈테레트 미술관 마르얀 언덕은 주민들의 산책 장소이기도 하고 언덕 위에 올라서면 아드리아해의 전경이 한눈에 펼쳐진다. 그는 16세부터 석공 블리니치의 제자가 되어 조각을 배웠다. 말년의 오귀스트 로댕Auguste Rodin, 1840-1917으로부터는 '자신보다 더 위대한 조각가'라는 평가를 받는다. 메슈트로비치가 로댕을 만난 것은 아마 오스트리아 빈에서의 유학 생활 기간과 그 이후였지 않을까? 이당시 크로아티아는 오스트리아 제국의 속국이기도 했다. 그는 빈의 미술 아카데미에 입학1901년하여 체계적인 조각 공부를 시작했고, 1902년부터 빈 분리파제첸시온전에 자신의 작품들을 출품하기 시작해서 1914년 베네치아 비엔날레부터 이름이 널리 알려진 탓도 있을 것이다.1914년은 제1차 세계대전의 빌미가 되었던 보스니아의 사라예보 사건이 터진 해이기도 하다. 특히 빈 분리파의 아카데미즘에 대한 도전과 분리라는 기치를 내건 활동과 장식 예술과 건축에 대한 관심이 로댕의 주목을 받았을 수도 있었을 것이다.

여담이지만 후배 예술가들에 대한 로댕의 일화를 소개한다. 파리에서 유학 중이던 25세1906년의 슈테판 츠바이크는 자신의 작품들에 대한 실망감에 사로잡혀 있었다. 어느 날 벨기에의 시인 에밀 베르하렌을 만나 예술에 대한 대화를 나누던 중에 베르하렌으로부터 로댕을 만나보지 않겠느냐는 제안을 받는다. 로댕은 처음 보는 자신의 작업장과 작품들을 보여주다가 마침 완성 직전에 있던 조각상을 손보기 시작한다. 츠바이크가 곁에 있다는 사실을 잊어버리고 근 한 시간 반 동안 '천지창조 첫날의 신처럼 홀로 창조 작업'에 전념한다. 츠바이크는 이를 두고 '그가 나를 잊고 작업에 몰두한 것이 내게는 인생 최대의 교훈이 되었다'고 회상한다. 물론 로댕은 다음과 같이 말한다. "미안해요. 까맣게 잊고 있었네요. 하지만 이해하실 거라 믿어요…"슈테판 츠바이크, 『어두울 때에야 보이는 것들이 있습니다』에서 위 일화에서 신예들에 대한 거인巨人의 품격을 엿볼 수 있다.

스플리트 구시가지유네스코 세계문화유산의 북쪽 성문골든 게이트 입구에는 크로아티아의 성인, '그레고리우스닌'을 기리는 거대한 청동상이 있다.8.5m 그레고리우스닌은 10세기 초반 지금의 크로아티아에서 활동한 종교지도자다. 그는 민중들에게 라틴어가 아닌 모국어슬라브어로 예배를 진행하는 등의 일로 교황청과 갈등을 빚기도 한다. 그는 크로아티아의 언어와 문화, 그리고 민족 정체성을 지키려 한 인물로 추앙받고 있다. 이 동상 역시 메슈트로비치의 작품이다.1929년 메슈트로비치의 삶이 투영된 작품이기도 하다. 왜냐하면 그가 미국에서의 안정적인 예술 활동을 잠시 뒤로하고 귀국하게 되는 동기에는 크로아티아인이 사랑하던 스테피나츠 대주교의 석방 운동도 있었고, 스승으로부터 석공 일을 처음 배웠던 고향 스플리트를 잊지 않았기 때문이다. 당시 자그레브 대주교이기도 했던 스테피나츠Stepinac, 1898-1960 추기경은 반역죄로 16년형을 선고받고 구금 중이었다.

╱ 메슈트로비치의 그레고리우스닌 청동상

메슈트로비치와 티토 사이의 석방 교섭은 불만족이었지만, 조국과 고향을 사랑했던 이반은 당시의 유고슬라비아 연방에 남아있던 그의 모든 재산과 작품들을 크로아티아에 기증한다. 마르얀 언덕의 집과 갤러리, 그리고 400점이 넘는 작품들도 함께 기증했다. 그의 작품들은 크로아티아 전역, 방방곡곡에서 세계 시민들을 만나고 있다. 그의 조국과 고향은, 하이마트Himart 가 아닌 하이마트Heimat였다. 그가 남긴 유산들은 미래까지 지속될 생명이다. 화석화된 박제품이 될 수 없다. '생명은 박물관이 우리에게 선사하는 증여품이자 계획하지 않았던 타임캡슐'이다. 온몸으로 밀고 살아온 생애 그 자체가 남긴 품격 있는 선물이다. '톨스토이 해외 문학상'을 받은 김주혜의 작품에 대해 번역자는 다음과 같이 평했다. "떠도는 사람들은 글자 속을 고향 삼아 만난다." '글자 속'을 '예술'로 치환해도 좋다. 아드리아해에서 비롯된 마르얀Marjan 언덕180m의 훈풍은 따뜻했다.

스플리트의 로마 유적지 내 '리바' 시내 골목들은 좁은 미로다. 어느 골목에 셀린 송 감독의 <패스트 라이브즈>2023 상영을 알리는 포스터가 붙어 있었다. 영화 속 어린 나영그레타 리 분이가 반 친구들에게 자신이 이민을 떠나는 이유에 대해 말하는 장면이 나온다. "한국 사람들은 노벨문학상을 못 타." 훗날 극작가가 되는 나영의 바람이 담긴 말이었을까? 이미 예술의 길로 나선 사람들은, 『시경』詩經에서 말하는, '행백리자行百里者 반구십半九十'이다. 나는 이 말을 '천 리 길도 한 걸음부터' 라거나, '시작이 반이다'는 의미로만 생각하지 않는다. 길을 가다 보면 온갖 환난고초를 만날 수 있기 때문에, 오히려 '끝까지 긴장을 늦출 수 없다'는 뜻으로도 새긴다. 그런 역경을 거쳐 어떤 상을 받게 된 이에 대해서는 내 일처럼 축하하며 함께 하면 좋겠다. 그게 품위 있는 마음가짐이다.

품격品格 속의 한자 '격'格은 나뭇가지를 전지剪枝한 모습이라고 한다. '웃자람을 막고 곁가지를 자르고 다듬는 것'을 말한다. 나를 둘러싸고 있는 유혹과 허세와 과장과 꼰대 짓을 잘라내고 다듬어야 보다 풍성한 열매를 맺을 수 있다는 것이리라. 품격은 위계가 아니다. 고상한 격식도 아니다. 페북의 한 친구가 이렇게 말한다. "격이 맞는 사람보다 결이 맞는 사람을 만나라." 나는 그동안 우리말 '우듬지'의 뜻을 제대로 몰랐다. 오히려 정반대 말인 '그루터기'와 비슷한 말로 알고 있었다. 그러나 우듬지는 '나무 꼭대기 쪽으로 난 줄기와 가지'를 말하는 것이었다. 작가 한강의 노래, <나무는>을 듣고 가사를 찬찬히 보니 우듬지의 품격이 또렷하게 보였다.

나무는 언제나 내 곁에 있어/ 하늘과 나를 이어주며 거기/
우듬지 잔가지 잎사귀 거기/
내가 가장 나약할 때도 / 내가 바라보기 전에/
나를 바라보고 내 실핏줄/
검게 다 마르기 전에/ 그 푸른 입술 열어/

언제나 나무는 내 곁에 있어/ 우듬지 잔가지 잎사귀 거기/
내가 가장 외로울 때도/ 내가 가장 나약할 때도

우리가 외롭고 나약할 때 하늘과 나를 이어주고, 내 실핏줄
이 검게 다 마르기 전에 그 푸른 입술을 열어주는 민초들 또는
필부필부匹夫匹婦의 사랑은, 여정의 종착지인 자그레브에서 만
날 수 있었다. 자그레브 중심부는 아직 전차가 다니는 조붓한 곳
이다. 산책길로도 적당하다. 대성당과 시장, 오래된 유적과 명
품 가게들이 뒤섞인 어느 거리에 '이별 박물관'Museum of Broken
Relationships이 있었다. 이 박물관은 튀르키예의 작가 오르한 파
묵이 쓴 『순수 박물관』을 떠올리게 한다. 노벨문학상 수상 이후
쓴 사랑 이야기다. 작가의 자전적 내용이 담긴 소설이다. 소설
속의 남녀가 짧은 기간의 사랑을 나눈 후 헤어진다. 남자는 그
연인을 잊지 못한다. 그래서 사랑의 추억들이 담긴 물건들을 모
으고 마침내 이를 전시할 박물관을 만든다. 오르한 파묵이 이스
탄불에 실제로 만든 '순수 박물관'이 있다.

자그레브의 '이별 박물관'도 비슷한 이유로 만들어진 것 같
다. 이 박물관을 만든 드라젠 그루비시치와 올린카 비슈티차는
이렇게 말한다. "지나간 사랑을 추억으로 지켜온 익명의 사람들
이 이별 박물관을 가능하게 했습니다. 이별 박물관은 그 모든 분

들께 감사드립니다." 이들이 박물관 도록으로 만든 한글 책자도 있다. 『내가 사랑했던 모든 애인들에게: 지구상에서 가장 특별한 203가지 사랑 이야기』. 그러나 책 제목은 박물관에 전시된 내용의 일부에 지나지 않는다. 연인뿐만 아니라 부모 형제, 반려동물, 그리고 아꼈던 물건 등과의 헤어짐 모두를 망라하고 있기 때문이다. 방문 기념 띠지의 앞면에는 the endings라는 글이 있고, 그 옆에 뒷면을 접으라는 표시가 있다. 뒷면에는 less love 가 적혀 있는데, 앞과 뒷면을 접으면 the endless love라는 문장이 된다. 그러나 나는 접지 않은 띠지 각각의 문장들을 '브로큰 잉글리쉬'로 조합해 보았다. "시원찮은 사랑less love은 끝the endings이야."

　박물관 입구의 안쪽에는 흰색으로 칠해진 철문이 있다. 철문 위의 글들은 애절하다. "당신 없는 세상이 이전 같지 않아요…"the world is not the same without you… "머나 먼 곳으로 가셨지만 여전히 제 곁에 있는 것 같아요…"so far away and yet you feel so close… "무너진 마음, 사랑스러운 영혼, 당신을 영원히 그리워할 거예요."broken heart, lovely soul, I will miss you forever more. 이 밖에도 다양한 언어로 절절한 마음들을 새겨 두었다. 그리고 철문 곳곳에는 사랑의 표시♡가 가득했다. 사랑의 표시는 심장 모양이다. 신형철은 『슬픔을 공부하는 슬픔』에서 이렇게 말한다. "심장은 언제나 제 주인만을 위해서 뛴다. 타인의 몸속에서 뛸 수 없고 타인의 슬픔 때문에도 멈추지 않는다. 타인의 슬픔에 대해서라면 인간은 자신이 자신에게 한계다. 그러나 이 한계를 인정하되 긍정하지는 못하겠다.… 그래서 슬픔에 대한 공부는, 슬픈 공부다." 성장盛裝을 한 여인이 어느 전시물 앞에서 오열을 하고 있었다.

문장 속에 들어가면 독특한 곳에 자리를 잡는 독일어 동사가 있다.이진민 2024의 『모든 단어에는 이야기가 있다』를 참고 '무엇이 마음에 든다'는 뜻의 gefallen게팔렌이 그것이다. 우리가 알고 있는 영어, 독일어 등의 초보적인 문장 구조는 대개 주어+동사+목적어의 순으로 구성된다. 그런데 게팔렌 동사는 목적어+동사+주어의 꼴을 갖추면서 묘한 매력을 풍긴다. 예컨대 'Maria gefällt Ludwig'마리아 게펠트 루트비히는 '마리아는 루트비히를 좋아한다'로 해석되는 것이 아니라, 거꾸로 '루트비히는 마리아를 좋아한다'로 풀이된다. 게팔렌 동사는 '자기 앞에 놓인 단어에 빛을 주면서 그게 누군가의 마음속으로 들어왔다고 표현하는 구조'를 지니고 있다. 전통적인 주어의 기세 좋은 능동성보다 대상의 전체를 따뜻하게 끌어안는 주어의 겸손이 돋보이는 동사라 할 수 있겠다. 품위 있는 단어이다. 나는 이 단어를 보면서, 언뜻 보기에는 동사인 것 같지만 문장 안에서 명사처럼 쓰이는 단어인 '동

아크

명사'가 떠올랐다. 동사에 '~ing'를 붙이면 되는 단어인데, 명사가 갖는 주어, 목적어, 보어의 역할도 하는 품사다. 두브로브니크, 마르얀 언덕, 그리고 자그레브의 길 위에서 만난 사람들과 역사와 작품들은 현재진행형이다. 그런 점에서 나는 동명사를 문법적으로는 말이 안 되지만 현재진행형으로도 생각하고 싶었다. 사전텍스트에만 담긴 동명사적인 의미가 맥락과 상황콘텍스트을 만나 현재진행형으로 숨 쉬고 있다고…

한강의 『희랍어 시간』에는 '칼레파 타 칼라' $\chi\alpha\lambda\varepsilon\pi\grave{\alpha}\tau\grave{\alpha}\kappa\alpha\lambda\acute{\alpha}.$의 뜻이 다층적임을 일러준다. '아름다움은 아름다운 것이다.', '아름다움은 어려운 것이다.' 그리고 '아름다움은 고결한 것이다.' 아름답고, 어렵고, 고결한 것이 아름다움이다. 우여곡절을 겪었으나 '모름다움'으로 외면하지 않고 살아온 품격 있는 사람들에게 어울리는 표현이라고 생각했다.

숙소에서 자그레브 공항으로 가는 길가에는 이제 갓 물이 오르고 있는 벚나무들이 꽃망울을 터뜨릴 채비를 하고 있었다.

도움 받은 책들: 글의 순서대로

이보 안드리치2005, 김지향 옮김, 『드리나강의 다리』, 문학과지성사.

린 마굴리스, 도리언 세이건2016, 김영 옮김, 『생명이란 무엇인가』, 리수.

이학근2023, 『발길 따라가는 발칸 여행』, 호밀밭.

신영2019, 『두브로브니크에서 만난 사람』, 솔출판사.

샘 밀러2023, 최정숙 옮김, 『이주하는 인류』, 미래의창.

슈테판 츠바이크2024, 배명자 옮김, 『어두울 때에야 보이는 것들이 있습니다』, 다산초당.

김주혜2023, 박소현 옮김, 『작은 땅의 야수들』, 다산책방.

오르한 파묵2010, 이난아 옮김, 『순수 박물관』, 민음사.

신형철2018, 『슬픔을 공부하는 슬픔』, 한겨레출판사.

이진민2024, 『모든 단어에는 이야기가 있다』, 동양북스.

한강2011, 『희랍어 시간』, 문학동네.

품격品格 속의 한자
'격'格은 나뭇가지를 전지剪枝한
모습이라고 한다.
'웃자람을 막고 곁가지를 자르고
다듬는 것'을 말한다.
나를 둘러싸고 있는 유혹과 허세와
과장과 꼰대 짓을 잘라내고
다듬어야 보다 풍성한 열매를 맺을 수
있다는 것이리라.
품격은 위계가 아니다.
고상한 격식도 아니다.

아크 ARCH-

공존을 위한 인문 무크지

9 품격

ⓒ 2024, 상지인문학아카데미 Sangji Humanities Academy

글쓴이	강동진 김 언 김종기 류영진 박찬일 박형준
	심상교 오진혁 이명원 이상헌 이성철 장은수
	장현정 정 훈 조봉권 조재휘 차윤석 천정환
초판 1쇄	2024년 12월 30일
발행인	허동윤
고 문	이성철
편집장	고영란
편집위원	박형준 장현정 정 훈 조봉권
도 움	서동하 김혜진
디자인	김희연 김혜진
발 행 처	㈜상지엔지니어링건축사사무소
등 록 일	2024년 6월 23일
등록번호	수영, 사00006
주 소	부산광역시 중구 자갈치로42 신동아빌딩 5층
전 화	051-240-1527~9
팩 스	051-242-7687
이메일	sangji_arch@nate.com
구독문의	051-240-1526, 1529

ISSN 3058-308X (09)

허동윤 · 시대와 인류의 가치를 생각하는 담론장 되길
고영란 · Editor's letter

정남준 · photo gallery(자갈치 휴먼)
이성철 · 인문학 산책
배병삼 · 공자, 맹자, 인간
장현정 · 칼과 흙
김종기 · 그림으로 보는 인간의 역사
권명환 · 그리면서 그려지는 '나'의 미로 통과하기
허동한 · 인간, 노동 그리고 경제
차윤석 · 프리츠커상(賞), 그게 도대체 무슨 상이지요?
이한석 · 삶의 공간, 육지를 넘어 바다로
우동주 · 지속가능한 삶, 지속가능한 주거
김기수 · 전통사회의 문화와 문화 건물(건축)
조봉권 · 삼국유사, 길을 찾아서
정천구 · 삼국유사, 민중의 인간 선언
박형준 · 장항의 마음
류영진 · 일본(인)을 사유하기 위하여
예동근 · 노신의 '나래주의'와 인문교류
조재휘 · 코로나 이후의 영화문화를 전망하며
김재환 · 열 장의 이야기와 다섯 편의 시를 찾아서
이명원 · 김종철과 『녹색평론』이 남긴 것
정　훈 · 당신은 나를 슬어서 그늘에 안장한다
김창일 · 해녀의 삶을 변화시킨 공간
이병순 · 공중전화
최원준 · 돼지국밥과 부산사람
엄상준 · 사람이 사라진 자리, 노래가 시작되다

허동윤 · '믿음'에 대한 환기喚起

고영란 · Editor's letter

임응식 · 희구

백원담 · 삶의 들락은 꽈당하고 닫히는 게 아니다

강동진 · 3인의 여성, 좋은 미래를 향한 그녀들의 열정과 꿈

장현정 · 인간에 대한 믿음은 모든 것을 뛰어넘는다

이성철 · 믿음에 대하여

최강민 · 믿음에 대한 확실한 질문

정　훈 · 우리가 그것을?

정천구 · 동아시아에서 믿음과 그 변주

김문기 · 후조候鳥, 기후의 뜻을 묻다

한형식 · 믿음에서 과학으로의 발전

김도현 · 장애학에 대한 잘못된 믿음과 새로운 이해의 길

한성안 · 사회적 자본의 경제학

허동한 · 믿음, 신뢰와 협력 관계의 메커니즘

류영진 · '친밀성의 상품화'를 생각하며

조봉권 · '버스점'을 치면서 이순신 장군을 생각했다

박형준 · 독학자의 슬픔

김태만 · 국가를 믿습니까?

김가경 · 당신의 안부

차윤석 · 프리츠커상, 누가 받나요?

이한석 · 기후변화, 해수면 상승, 그리고 연안 도시

김종기 · 그림 속에 나타난 믿음의 이미지

조재휘 · 선생과 제자 사이

심상교 · 무병 앓기부터 내림굿까지

자연

허동윤 · '자연스러운 세상'을 향한 발걸음

고영란 · Editor's letter

정　훈 · 없는 곳에 오신 걸 환영합니다

하창수 · 인간에 비춰 본 자연

장현정 · 우리는 '자연'과 '깐부'일까?

이성철 · 자연과 사회의 공생은 꿈속의 꿈일런가

황규관 · 자연, 자유를 위한 조건

장희창 · 리프킨의 『엔트로피』와 괴테의 『색채론』

이성희 · 무의 들녘에서 만난 매화

황명호 · 자연과 '스스로움'

류영진 · 일본인들의 자연과의 거리두기에 대하여

강동진 · 무위자연無爲自然의 정신으로 살기

김　준 · 한국의 갯벌, '쓸모없는 땅'과 '세계유산'의 사이

조봉권 · 자연인 이창우 약전略傳을 쓰다가 겸손을 만났다

정대현 · 사랑하는 자만이 살아남는다

임회숙 · 비정非情한 균형과 평등

배재국 · 우리 함께, 이 우주

차윤석 · 자연, 건축의 가치, 그리고 프리츠커상

이한석 · 지구위기에 지속가능한 '바다 위 도시'를 향하여

김종기 · 그림 속의 자연 이야기

조재휘 · 근대 인간과 자연의 역운逆運

심상교 · 민속신앙 속 흐름과 멈춤

허동윤 · 환대할 준비

고영란 · Editor's letter

김용석 · 인간의 과제, 환대(Hospitality)에 관하여

송철호 · 『맹자』, 환대의 공간, 환대의 미학

전진성 · 역사로의 환대: '역사 없는 사람들'의 역사를 위하여

김만권 · 환대의 정치 메르켈

류영진 · 일본의 환대 : 수용과 거절의 딜레마

신지은 · 이방인, 무조건적 환대, 테오레마

정　훈 · 해월의 마음

조봉권 · 환대가 기적으로… 광주로 떠난 '환대 여행'

고영란 · 마을미술이 환대가 되기까지

권대오 · 엑스포와 환대

강동진 · 부산과 부산항, 그 존재의 의미

고종석 · 환대받지 못했으나, 세상을 환대한 뮤지션 양병집

박형준 · 불편해도 괜찮아: 관용과 환대 사이에서 공존의 길을 모색하다

장현정 · '차가운 세계'를 '따스한 집'으로

차윤석 · '환대'받지 못하는 건축

이한석 · 위기의 시대, 환대의 해양건축

김종기 · 타자와 환대. 그림 속 타자의 이미지와 환대의 문제

조재휘 · 환대의 조건을 질문하며

심상교 · 서사의 내용과 방향을 좌우하는 환대

허동윤 · 소통에 대한 사색과 실천을 위해

고영란 · Editor's letter

이성철 · 말들이 돌아오는 시간

장현정 · 모든 것엔 금이 가 있다. 그래야 빛이 들어온다

정희준 · 소통 금지 사회의 기원, 그리고 매개 소통 사회의 이면

황규관 · 자신과의 대화로서의 소통

김형곤 · 커뮤니케이션이란 무엇인가?

이기준 · 이제까지 경험하지 못했던 존재와 소통

류영진 · 일본적 소통으로 나아가는 한국, 한국적 소통을 시도하는 일본

강동진 · 큰 테이블에서 시작된 소통 이야기

조봉권 · 나는 왜 늘 '흥행'에 처참하게 실패할까

유　숙 · 정신장애인을 바라보는 새로운 '시선'

고윤정 · 소통의 기술

김지현 · 흰 콩떡 먹기

차윤석 · 공간, 그리고 소통

이한석 · 육지와 바다의 매개 공간, 워터프런트

김종기 · 소통 : 억압, 차별, 배제를 넘어

조재휘 · 〈접속〉1997에서 〈헤어질 결심〉2022으로

심상교 · 신은 존재한다. 고로 나는 소통한다

기분

허동윤 · 명랑한 기분이 넘쳤으면 하는 바람

고영란 · Editor's letter

박유정 · 당신의 기분은 어떠십니까? 기분의 철학적 의미

장현정 · 기분氣分의 기술 技術

송철호 · 기 氣와 분 分, 그리고 기분

박형준 · 개인과 사회의 체온계 기분과 문학

이성희 · 예술과 기분, 그리고 멜랑콜리

장희창 · 서정시에서 '서정'이란 무엇인가?

이성철 · 기분은 내 마음대로 되지 않는다

류영진 · 일본인들의 기분이 어떠냐고요? 그건 받아들이기 나름입니다

강동진 · '부산', 기분이 좋아짐^^

오선영 · 기분을 표현하는 법

정　훈 · 두려움과 떨림의 오블리비언 oblivion

조봉권 · 평정심, 평정심… 봉권아, 평정심…

조광수 · 만나면 기분 좋은 사람

차윤석 · 비어있는 곳의 기분

이한석 · 바닷가 경관, 그 흥에 취하여

김종기 · 기분 감정의 합리성에 대하여

조재휘 · 공기의 영화, K의 기분

심상교 · 기분, 화이트 트라우마를 유지하는 방식

허동윤 · 위로가 필요한 시대

고영란 · Editor's letter

김종기 · 비극, 카타르시스, 공동체, 그리고 위로

장현정 · 인간이 불가능을 극복하는 방식, 위로

조봉권 · 허무의 쓸모-허무 실용주의를 만나다

권명환 · '함께' 외로운 우리 시대의 '위로'

천정환 · 위로의 변증법과 복수하려는 마음

이승원 · 위로, 연대, 그리고 우물물 한 동이

심상교 · 밤을 밝히는 위로와 부끄러움에 대한 위로

강동진 · 탈산업화의 시대, 위로가 필요한 것

차윤석 · 불안과 방어기제, 그리고 도시건축의 자위

이성철 · 고독했던 사람 고흐, 우리에게 위로를 건네다

문종필 · 위로를 받는 세 가지 방법

엄상준 · 클래식 음악은 위로인가?

박형준 · 향파 이주홍은 왜 친일을 고백하지 못했나?

조재휘 · '도피'와 '외면'으로서의 위로 - '힐링'과 '웰빙'을 생각하며

류영진 · 어떤 위로로 하시겠습니까? 일본 메이드 카페 관찰기

정　훈 · 아무도 눈여겨보지 않는 자의 눈동자를 응시하는 눈

손택수 · 나를 위로하는 사물과 음식과 시

이승헌 · 그늘

허태준 · 위로, 내가 밝힐 수 있는 시간의 최대치

허동윤 · 누구나 '용기'를 가질 수 있는 세상이 오기를
고영란 · Editor's letter

장현정 · 어느 날 아침, 벌레로 변하지 않을 용기
류영진 · 사죄할 수 있는 용기
조봉권 · 용기에 관해 생각하는 일이 내게 용기를 주기를
이성철 · 일상의 용기
권명환 · 나 자신으로, 우리로 존재할 용기
김종기 · 용기란 무엇인가?
이기철 · '하자'고 말할 때 '다 함께'를 기억해야 한다
이지문 · 내게 용기는 부끄러움이었다
조재휘 · 참된 용기의 형태란 무엇인가
             - 사일런스(2016)와 킹덤 오브 헤븐(2005)
심상교 · 서사 작품에서의 선과 악 그리고 용기
김종광 · 앞으로도 용감합시다
강동훈 · 읽지 않고 사지 않는 시대에 서점을 하겠다는 용기
정   훈 · 청동 손가락으로 써진 시(詩)
차윤석 · 부정할 용기
천정환 · 죽음 앞의 용기
오현석 · 한센인, 용기 있는 자들
강동진 · 과거의 용기를 현재로, 그리고 미래를 위한 용기로

품격

허동윤 · 한 사람, 한 사람을 소중히 하는 마음

고영란 · Editor's letter

장은수 · 품격, 이타성의 다른 이름

이명원 · 품위와 적막 - 루쉰을 생각하며

장현정 · 조용히 이 세계를 사랑하는 마음, 품격

김　언 · 성난 얼굴인가? 부끄러운 얼굴로 돌아보라

천정환 · 품격의 문화정치: 그를 '돼지'라 불러도 될까?

류영진 · 품격의 파시즘

오진혁 · 제국이 지켜온 가치와 품격(관용과 포용, 조화와 공존)

차윤석 · 욕망의 품격

강동진 · 품격 있는 도시, 그것은 본질을 지킬 때 잡을 수 있는 것

심상교 · 한국 전통미학의 품격

김종기 · 품격과 아우라에 대하여

박형준 · 고고함이 아니라 비루함에서

조재휘 · '문화 강국'과 '아름다운 나라'는 가능한가?

　　　　　- '품위'를 잃어가는 한국영화의 우울한 풍경들

이상헌 · 춤, 품격의 동시대 가치

박찬일 · 식당에서 일어나는 품위의 순간들

조봉권 · 꾀죄죄와 오종종을 넘어…동동숲에서 만나요

정　훈 · 이 학교를 보라 - 명문(名門)의 정신과 형식

이성철 · 마르얀 언덕의 훈풍: 길 위에서 만난 품격들

상지인문학아카데미

잇츠시네마

2024.05.~ 2025.04. 오후 6시 30분

장소 | BNK 부산은행 아트시네마 모퉁이극장

	진행
5/22(수)	
바튼 아카데미 The Holdovers	장현정
2024년 개봉	미국	알렉산더 페인 감독	133분	(주)호밀밭 대표
6/19(수)	
나의 올드 오크 The Old Oak	이지훈
2024년 개봉	영국, 프랑스	켄 로치 감독	113분	필로아트랩 대표
7/24(수)	
엔니오: 더 마에스트로 Ennio	정두환
2023년 개봉	이탈리아, 벨기에	쥬세페 토르나토레 감독	156분	문화유목집단동행
8/21(수)	
비밀의 언덕 The Hill of Secrets	이성철
2023년 개봉	한국	이지은 감독	122분	신명초등학교 교사
9/11(수)	
소풍 Picnic	김영진, 박은영
2024년 개봉	한국	김용균 감독	114분	(주)로케트필름

	진행
11/20(수)	
멋진 세계 Under the Open Sky	이호걸
2022년 개봉	일본	니시카와 미와 감독	126분	영화학자
12/11(수)	
어파이어 Afire·Roter Himmel	정지혜
2023년 개봉	독일	크리스티안 페촐트 감독	102분	영화평론가
1/22(수)	
길위에 김대중 Kim Dae Jung on the Road	천정환
2024년 개봉	한국	민환기 감독	126분	성균관대교수, 문화학자
2/19(수)	
악은 존재하지 않는다 Evil Does Not Exist	박지연
2024년 개봉	일본	하마구치 류스케 감독	106분	동서대 영화과 교수
3/19(수)	
추락의 해부 Anatomy of a Fall	곽한영
2024년 개봉	프랑스	쥐스틴 트리에 감독	152분	부산대 일반사회교육과 교수
4/23(수)	
로봇 드림 Robot Dreams	박형준
2024년 개봉	스페인, 프랑스	파블로 베르헤르 감독	103분	부산대 한국어교육전공 교수

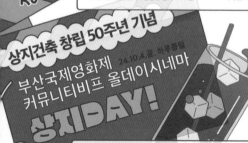

상지건축 창립 50주년 기념

부산국제영화제
커뮤니티비프 올데이시네마

상지DAY! 24.10.4.금. 하루종일

10/4(금)	
사랑은 낙엽을 타고 Fallen Leaves	김홍준 감독
2023년 개봉	핀란드, 독일	아키 카우리스마키 감독	81분	
10/4(금)	
힙노시스:LP 커버의 전설 Squaring the Circle: The Story of Hipgnosis	장정일 작가
2024년 개봉	영국	안톤 코르빈 감독	101분	

10/4(금)	
너와 나 The Dream Songs	김탁환 작가
2023년 개봉	한국	조현철 감독	118분	

※ 상지DAY 시간, 장소 추후 공지

가입 신청 바로가기

상지 (주)상지이엔에이/엔지니어링건축사사무소   COMMUNITY 부산국제영화제 커뮤니티비프   관객문화협동조합 모퉁이극장

2024-2025

상 지 서 울
인 문 학
아 카 데 미

since 1974, 삶과 사람 속 상지건축 50년

2기 주제] 도시와 공간의 역사

제1강] 도시 '과거'의 자산화 BANKING THE PAST-도시가 기억하는 시간, 선별하는 유산의 보존
·2024년 6월 13일(목), 오후 3시-5시
·신성희 교수/가톨릭관동대 지리학과

제2강] 공동체 너머, 자유로운 개인들의 도시적 커먼즈
·2024년 7월 18일(목), 오후 3시-5시
·한디디 박사/런던정치경제대학교(LSE) 인문지리 박사

제3강] 한양 경성 서울로
·2024년 8월 8일(목), 오후 3시-5시
·이현군 교수/서울대학교 국토문제연구소 선임연구원

제4강] 대학과 도시, 미래를 그리는 무한도전 커뮤니티
·2024년 9월 12일(목), 오후 3시-5시
·한광야 교수/동국대학교 건축공학과

제5강] 스마트 도시
·2024년 10월 17일(목), 오후 3시-5시
·심한별 교수/서울대 아시아연구소 선임연구원

제6강] 도시를 위한 자유, 자유를 위한 도시
·2024년 11월 14일(목), 오후 3시-5시
·이승원 교수/서울대 아시아연구소 선임연구원

제7강] 경성 백화점 상품으로 본 근대의 이모저모
·2024년 12월 12일(목), 오후 3시-5시
·최지혜 교수/국민대 겸임교수, 국가유산청 문화재 전문위원

제8강] 미술관 박물관
·2025년 2월 13일(목), 오후 3시-5시
·박소현 교수/서울과학기술대학교

제9강] 개혁기 중국 도시화의 특징
·2025년 3월 13일(목), 오후 3시-5시
·박철현 교수/국민대 HK연구교수

제10강] 오키나와 본섬 남부 이토만시의 탄생과 위령공간의 형성
·2025년 4월 10일(목), 오후 3시-5시
·김민환 교수/한신대학교 평화 교양대학

제11강] 경성의 식당 풍경
·2025년 5월 15일(목), 오후 3시-5시
·박현수 교수/성균관대 학부대학 대우교수

제12강] 도시와 독서공간 : 서울, 부산, 도쿄의 책방거리
·2025년 6월 12일(목), 오후 3시-5시
·천정환 교수 / 성균관대 국어국문학과

주관 : 대외협력본부, 운영지원본부

전 임직원 필참
일정은 사정에 따라 변동 가능 有

신 성 희 교수	한 디 디 박사	이 현 군 교수
가톨릭관동대 지리학과	런던정치경제 대학교(LSE) 인문지리 박사	서울대학교 국토문제연구소 선임연구원
제 1 강 2024.6.13(목)	제 2 강 2024.7.18(목)	제 3 강 2024.8.8(목)

한 광 야 교수	심 한 별 교수	이 승 원 교수
동국대학교 건축공학과	서울대 아시아연구소 선임연구원	서울대 아시아연구소 선임연구원
제 4 강 2024.9.12(목)	제 5 강 2024.10.17(목)	제 6 강 2024.11.14(목)

최 지 혜 교수	박 소 현 교수	박 철 현 교수
국민대 겸임교수, 국가유산청 문화재 전문위원	서울과학기술대학교	국민대학교 HK연구교수
제 7 강 2024.12.12(목)	제 8 강 2025.2.13(목)	제 9 강 2025.3.13(목)

김 민 환 교수	박 현 수 교수	천 정 환 교수
한신대학교 평화 교양대학	성균관대 학부대학 대우교수	성균관대 국어국문학과
제 10 강 2025.4.10(목)	제 11 강 2025.5.15(목)	제 12 강 2025.6.12(목)

상지
SEA
Sangji Environment
& Architects Inc.

SINCE 1974, 삶과 사람 속 상지건축 50년

"상지는 아름다운 세상을
만들어 갑니다"

금샘도서관
부산다운 건축상 수상(2021)